# ADMINISTRAÇÃO DE CARGOS, SALÁRIOS E BENEFÍCIOS

**Revisão técnica:**

**Caroline Bastos Capaverde**
*Graduada em Psicologia*
*Especialista em Psicoterapia Psicanalítica*

B554a  Bes, Pablo.
　　　　 Administração de cargos, salários e benefícios / Pablo
　　　 Bes e Luana Yara Miolo de Oliveira ; revisão técnica: Caroline
　　　 Bastos Capaverde. – Porto Alegre : SAGAH, 2023.

　　　　 ISBN 978-65-5690-361-3

　　　　 1. Administração. I. Oliveira, Luana Yara Miolo de.
　　　 II. Título.

　　　　　　　　　　　　　　　　　　　　　　　　 CDU 331.1/.5

Catalogação na publicação: Mônica Ballejo Canto – CRB 10/1023

# ADMINISTRAÇÃO DE CARGOS, SALÁRIOS E BENEFÍCIOS

**Pablo Bes**
*Graduado em Administração de Empresas*
*Graduado em Pedagogia*
*Especialista em Gestão e Planejamento Escolar*
*Especialista em Educação Infantil*
*Especialista em Coaching*
*Mestre em Educação: Estudos Culturais e Foucaultianos*

**Luana Yara Miolo de Oliveira**
*Graduada em Administração de empresas*
*Mestre em Administração com ênfase em gestão de pessoas*

Porto Alegre
2023

© SAGAH EDUCAÇÃO S.A., 2023

Gerente editorial: *Arysinha Affonso*

Colaboraram nesta edição:
Assistente editorial: *Fernanda Anflor*
Preparação de originais: *Gabriela Sitta*
Capa: *Paola Manica | Brand&Book*
Editoração: *Kaéle Finalizando Ideias*

---

### Importante

Os links para sites da Web fornecidos neste livro foram todos testados, e seu funcionamento foi comprovado no momento da publicação do material. No entanto, a rede é extremamente dinâmica; suas páginas estão constantemente mudando de local e conteúdo. Assim, os editores declaram não ter qualquer responsabilidade sobre qualidade, precisão ou integralidade das informações referidas em tais links.

---

Reservados todos os direitos de publicação à
SAGAH EDUCAÇÃO S.A., uma empresa do GRUPO A EDUCAÇÃO S.A.

Rua Ernesto Alves, 150 – Bairro Floresta
90220-190 – Porto Alegre – RS
Fone: (51) 3027-7000

SAC 0800 703-3444 – www.grupoa.com.br

É proibida a duplicação ou reprodução deste volume, no todo ou em parte, sob quaisquer formas ou por quaisquer meios (eletrônico, mecânico, gravação, fotocópia, distribuição na Web e outros), sem permissão expressa da Editora.

IMPRESSO NO BRASIL
*PRINTED IN BRAZIL*

# PREFÁCIO

Receber uma recompensa pela realização de um trabalho é uma prática anterior à própria existência do dinheiro. O dicionário etimológico explica que a palavra salário tem sua origem no latim salarium, que designava o pagamento com sal, comum na Grécia e na Roma Antiga, em troca da realização de algum tipo de serviço.

As primeiras moedas, de prata, sugiram por volta de 700 a. C, ainda na Grécia Antiga. As de ouro, em 390 a.C., na Macedônia. Só muito depois, é claro, apareceram por aqui. O Brasil é um país jovem, e as primeiras moedas foram cunhadas com a invasão holandesa, por volta de 1645. Com a chegada da corte portuguesa, em 1808, e a consequente fundação da Casa da Moeda e do Banco do Brasil, o país viu aumentar a quantidade de moeda em circulação.

Em paralelo ao desenvolvimento de um sistema monetário, cresceu também a noção de trabalho, que passou a representar um conjunto de atividades profissionais para atingimento de determinado fim, alinhado ao recebimento de uma remuneração.

Nesse contexto, empregados e empregadores perceberam a importância de organizar uma gestão da remuneração, orientada pelo cargo que o indivíduo ocupa, pelas suas competências (comportamentais e técnicas) na realização de determinada tarefa, pelo atingimento de metas e resultados, dentre outros critérios que variam de acordo com o mercado, a área e o ambiente de trabalho. Considerando, ainda, a ambiência organizacional contemporânea – leis trabalhistas que orientam as relações entre empregadores e empregados, competitividade salarial – diferentes políticas de gestão de pessoas se voltam para a administração de cargos, salários e benefícios.

O presente livro está organizado de modo a apresentar reflexões teóricas e práticas acerca da remuneração, considerando o desempenho e as competências. Além disso, apresenta um passo a passo da descrição de cargos e sua relação com a remuneração, avaliação dos cargos, pesquisa salarial, bem como definição e apresentação de um plano de cargos e salários.

# SUMÁRIO

## Plano de cargos e salários ........................................................................9
*Pablo Bes*
- A elaboração do plano........................................................................10
- Benefícios do plano ...........................................................................13
- Alguns pontos essenciais ..................................................................16

## Descrição de cargos – Parte 1 ................................................................21
*Pablo Bes*
- Principais aspectos ............................................................................21
- Métodos utilizados ............................................................................23
- Importância das informações............................................................28

## Descrição de cargos – Parte 2 ................................................................33
*Pablo Bes*
- Como analisar os dados coletados......................................................33
- Como nomear os cargos.....................................................................36
- Cargos de classe gerencial, administrativa e operacional....................38

## Pesquisa salarial ....................................................................................43
*Pablo Bes*
- Análise dos salários praticados..........................................................43
- Como estruturar a pesquisa salarial...................................................46
- Estrutura salarial da organização.......................................................50

## Avaliação dos cargos..............................................................................55
*Pablo Bes*
- Avaliação de cargos e salários: primeiros passos ...............................55
- Metodologias de avaliação de cargos e salários .................................59
- A avaliação de cargos e salários e o plano de remuneração funcional...........64

## Plano de incentivo individual e coletivo...............................................69
*Pablo Bes*
- Os planos de incentivos .....................................................................69
- Como escolher um plano de incentivos...............................................73
- Impactos da implantação dos planos de incentivos.............................76

## Remuneração, desempenho e competências ..............................................81

*Pablo Bes*

Remuneração por desempenho e por competências ..............................................81

Práticas de gestão da remuneração ..............................................85

O sistema de remuneração ..............................................89

## Administração da remuneração .............................................. 93

*Luana Yara Miolo*

Principais tipos de sistemas de remuneração ..............................................93

Funcionamento dos sistemas de remuneração ..............................................95

Práticas de gestão no ambiente empresarial ..............................................99

# Plano de cargos e salários

## Objetivos de aprendizagem

Ao final deste texto, você deve apresentar os seguintes aprendizados:

- Reconhecer a importância da elaboração de um plano de cargos e salários.
- Identificar de forma clara os ganhos dos colaboradores e da empresa com a utilização dessa prática.
- Analisar os pontos essenciais do plano de cargos e salários: contratação assertiva e manutenção da satisfação dos colaboradores dentro da organização.

## Introdução

Nas últimas décadas, ocorreram mudanças significativas no mercado de trabalho ocasionadas pela globalização. Devido a essas transformações, as organizações tiveram de se adaptar a um universo internacional de maior competitividade. Nesse cenário, a gestão de pessoas passou a ser essencial para a permanência e para o sucesso das organizações.

Dessa forma, as empresas passaram a encarar os colaboradores como os principais responsáveis pelos resultados que almejam. Então, nada mais coerente do que efetuar um planejamento que faça com que esses trabalhadores se sintam reconhecidos, motivados e mantenham-se nas empresas por um período mais prolongado, não é? Para dar conta dessa gestão dos colaboradores e, ao mesmo tempo, atender às exigências deles e do mercado, atualmente as organizações procuram desenvolver seus planos de cargos e salários deixando transparente o que é exigido em cada cargo e a respectiva contrapartida salarial. Além disso, como você vai ver, buscam definir os pré-requisitos para que seus funcionários cresçam e avancem em suas carreiras.

## A elaboração do plano

Ao começar a aprender sobre o plano de cargos e salários, é conveniente que você entenda que essa área é conhecida pelos teóricos que estudam a gestão de pessoas ou a administração de recursos humanos pelo seu caráter tradicional e conservador. Porém, particularmente nas duas últimas décadas, houve uma inovação na área, propiciada pelo avanço e pela profissionalização da gestão de pessoas. Essa mudança se reflete na utilização de formas mais estratégicas e adaptativas dos planos de cargos e salários.

Hoje, o maior desafio da área de gestão de pessoas é alinhar suas práticas com os objetivos estratégicos da organização, e para que isso ocorra poderão ser necessárias adaptações nos cargos. Essas adaptações se fazem necessárias em virtude de novas competências esperadas dos profissionais que atuam no mercado, ou ainda em razão de mudanças econômicas e legais que afetam o segmento da empresa. Além disso, são motivadas pelo próprio desenvolvimento da concorrência nesses aspectos. Sobre essa questão, Resende (1991, p. 27) comenta: "Nessa nova realidade, os administradores de cargos e salários precisarão ser mais críticos, adaptativos e estratégicos. Deverão saber usar melhor os recursos disponíveis que substituem tarefas operacionais a fim de que possam pró-agir, analisar, diagnosticar, e formular proposições".

Aqui, você já pode notar a importância de uma organização realizar a construção de seu plano de cargos e salários. Afinal, esse plano vai possibilitar que a empresa perceba como seus cargos se alinham com os cargos similares existentes na concorrência. Além disso, vai oportunizar a realização de ajustes nos requisitos ou nas competências necessárias aos ocupantes dos cargos. Instituindo uma política salarial, as organizações podem manter seus colaboradores mais motivados e cientes de suas possibilidades de crescimento e avanço dentro da organização.

É fácil perceber que as exigências para que se ocupem cargos, mesmo aqueles mais elementares, aumentaram e se modificaram bastante nos últimos anos. Foram acrescidas muitas competências que antes não faziam parte das descrições e especificações dos cargos, como a capacidade de relacionamento interpessoal, a flexibilidade, a adaptação a mudanças, a inteligência emocional, entre outras. Isso tudo acompanha uma tendência de um mercado que se torna global e mais competitivo. Para realizar esses ajustes entre os cargos e seus ocupantes, faz-se necessário um plano de cargos e salários adequado.

Você deve notar que um bom plano de cargos e salários:

> [...] precisa acompanhar o avanço tecnológico, as mudanças de mercado, a política econômica, como também participar das decisões maiores da organização quando do planejamento orçamentário anual. Precisa conhecer as metas e objetivos da empresa para melhor se adequar e se encaixar nas práticas e políticas gerais da organização (CARVALHO; NASCIMENTO; SERAFIM, 1998, p. 18).

Os autores reforçam a ideia de que a área de gestão de pessoas na atualidade participa ativamente do alcance de metas e objetivos organizacionais. Por isso, deve também, a partir do plano de cargos e salários, alinhar-se com as questões orçamentárias que a organização adota.

Para que você possa perceber a importância do plano de cargos e salários, precisa conhecer alguns de seus componentes básicos. São eles:

- análise dos cargos;
- descrição dos cargos;
- avaliação dos cargos;
- pesquisa salarial.

Esses componentes precisam estar alinhados e funcionando de forma interdependente para que o plano de cargos e salários possa cumprir sua finalidade. Como você viu, esse objetivo consiste em alocar os colaboradores nos cargos correspondentes de acordo com suas características e competências, bem como em manter os funcionários motivados e garantir sua continuidade na organização.

Na análise de cargos, são aplicadas técnicas para verificação de quais requisitos mentais e físicos, responsabilidades, esforços e condições ambientais existem e são exigidas nos cargos observados. Essa análise vai formar o perfil ideal do colaborador necessário para a ocupação do cargo e fornecer subsídios para a descrição eficiente da função.

Na descrição de cargos, você vai encontrar as informações referentes ao conteúdo do cargo: quais as tarefas a executar, quando devem ser realizadas, como são feitas, em que locais ocorre sua execução e quais são os objetivos e metas que o responsável pelo cargo deve atingir.

A pesquisa salarial será realizada para perceber como as organizações concorrentes têm realizado as remunerações de seus colaboradores para os cargos específicos similares ao da empresa. Assim, a organização pode manter os salários em patamares interessantes e atrativos.

A avaliação de cargos, por sua vez, segundo Chiavenato (2010), tem como objetivo atribuir um valor para cada cargo da organização, conforme o seu grau de relevância. Além disso, busca inseri-los em uma hierarquia, que posteriormente norteará a estrutura de salários.

A partir dessa explicação sucinta de algumas das etapas que compõem o plano de cargos e salários, você pode perceber como ele é relevante para que uma organização possa manter-se competitiva e atingir os objetivos a partir da otimização de seus colaboradores, alocando-os nos cargos que melhor se ajustem às suas características. Nesse sentido, são muito interessantes as palavras de Oliveira (2006, documento on-line):

> Com o mercado extremamente competitivo, as empresas ficam vulneráveis a altos índices de rotação de pessoal. A busca por melhores condições de trabalho e pelo prestígio profissional são crescentes em meio a nossa realidade, com isso a equipe de recursos humanos tem que estar preparada com todas as ferramentas possíveis para atender às mudanças repentinas que podem ocorrer no cotidiano da organização.

A partir dessa citação, você pode perceber que uma das importantes colaborações da construção e da implementação do plano de cargos e salários na organização é o aspecto estratégico. Afinal, o plano ajuda a preparar a empresa para as mudanças que ocorrem no mercado em que ela atua, definindo as competências necessárias aos seus colaboradores, bem como mantendo aqueles que se encontram trabalhando na organização. Ou seja, a rotatividade de pessoas também ocorre quando colaboradores pedem demissão e deixam a empresa para buscarem melhores condições de trabalho, melhores remunerações e melhor ambiente de trabalho em outros locais. Conhecendo bem como funcionam as regras que estão norteando o seu trabalho e os possíveis rumos a seguir no futuro, os colaboradores podem manter-se por mais tempo em uma mesma empresa.

**Fique atento**

Atualmente, algumas organizações costumam chamar o plano de cargos e salários de "plano de carreira, cargos e salários", ou somente de "plano de carreira", uma vez que o gerenciamento de carreiras começou a fazer parte da gestão de pessoas contemporânea. Nessa óptica, o investimento e o acompanhamento da carreira tanto interessam ao colaborador quanto à organização.

# Benefícios do plano

Investir na construção ou na renovação de um plano de cargos e salários é uma decisão muito acertada para uma organização. Afinal, como você viu, essa atitude pode contribuir para equilibrar os interesses dos colaboradores e da própria empresa. Os colaboradores sentem-se motivados e recompensados pela organização quando percebem uma remuneração mais justa, condizente com as tarefas que executam e com as responsabilidades envolvidas no seu cargo. Por outro lado, o retorno em termos de resultados é benéfico para a organização. Da mesma forma, ao acompanharem as tendências de remuneração de seu cargo nas empresas concorrentes e perceberem que se encontram no mesmo patamar, ou, melhor ainda, acima da média, os colaboradores ficam mais dispostos a cumprir as suas atribuições. Isso também pode, segundo Tolfo e Piccinini (2001), melhorar o clima organizacional e afetar a qualidade de vida no trabalho da organização. Já a organização, ao traçar com mais acerto os requisitos para a ocupação eficaz de seus cargos, acompanhando as tendências exigidas pelo mercado em termos de conhecimentos, habilidades e atitudes, pode, tendo colaboradores motivados e capazes, atingir seus resultados projetados com maior garantia.

Ao referir-se à importância do desenvolvimento de um plano de cargos e salários a ser aplicado na organização, Pontes (2011, p. 33) comenta que "[...] a preocupação central da Administração de Cargos e Salários é a manutenção do equilíbrio interno e externo" da organização. Para o autor, o **equilíbrio interno** "[...] é conseguido pela correta avaliação dos cargos, de forma a manter uma hierarquia" (PONTES, 2011, p. 33). Ele comenta ainda que os colaboradores costumam comparar as suas remunerações com as responsabilidades e exigências de seus cargos, o que pode gerar insatisfações. Já o **equilíbrio externo** "[...] é conseguido com a adequação salarial da organização diante do mercado de trabalho" (PONTES, 2011, p. 33). Nesse caso, os colaboradores costumam comparar e julgar se aqueles que ocupam cargos semelhantes aos seus em outras empresas têm remuneração equivalente à sua. Caso os valores sejam muito discordantes, a organização tem grandes chances de perder seus colaboradores para a concorrência.

Existem algumas teorias, como a Teoria dos Dois Fatores de Herzberg (1966) e a Hierarquia das Necessidades de Maslow (1970), que procuram apontar que o dinheiro (salário) não é propriamente motivacional, embora sirva de forma direta para satisfazer às múltiplas necessidades dos colaboradores. Segundo Pontes (2011, p. 29), é importante lembrar que:

> O salário é uma demonstração objetiva do quanto a empresa valoriza o trabalho de seu funcionário. Associado ao plano de carreiras, se bem administrado pela Área de Gestão de Pessoas da empresa, ele pode vir a ser não propriamente um fator de motivação, mas um fator que servirá de base aos fatores motivadores ligados ao cargo ocupado, à perspectiva de crescimento profissional e trabalho executado, estando estritamente ligado a esses.

Dessa forma, conforme o autor, os benefícios da construção de um plano de cargos e salários são muitos para os colaboradores e, da mesma forma, também representam ganhos para as organizações. Você pode ver essa dinâmica no Quadro 1.

**Quadro 1.** Ganhos para os colaboradores e para a organização com o plano de cargos e salários.

| Benefícios para os colaboradores | Benefícios para as empresas |
|---|---|
| Adequação do colaborador ao cargo | Aproveitamento mais assertivo dos colaboradores |
| Desenvolvimento de competências necessárias | Aumento nas possibilidades de acerto no recrutamento e na seleção de pessoal |
| Melhoria da motivação | Incremento de produtividade dos colaboradores |
| Sentimento de equidade e valorização profissional | Diminuição do absenteísmo e da rotatividade de pessoas |
| Transparência sobre critérios de promoção e ascensão na carreira | Retenção de colaboradores considerados talentos na organização |
| Clima organizacional mais favorável | Auxílio no gerenciamento de carreiras dos colaboradores da empresa |
| Remuneração justa e mais equitativa em relação aos concorrentes | Auxílio na construção e na implementação das políticas salariais |
| | Possibilidade de a organização se manter atualizada e competitiva no mercado |

*Fonte:* Adaptado de Gil (2001) e Marras (2010).

Como você pode perceber a partir da leitura do Quadro 1, inúmeros são os ganhos que a organização e seus colaboradores obtêm a partir do planejamento e da implementação de um programa de cargos e salários.

Você já deve ter ouvido falar de alguém que passou pela experiência (ou mesmo pode tê-la vivido você mesmo) de sentir-se mais satisfeito com o seu emprego, apresentando um desempenho mais satisfatório nas suas atividades por conhecer quais são as suas possibilidades de crescimento no interior da organização. Ou seja, os colaboradores que conhecem exatamente os requisitos que se encontram relacionados a cada cargo, as exigências em termos de competências, instrução (formação) e tempo de serviço, por exemplo, podem se sentir motivados a desenvolver as características necessárias para o cargo ou a promoção que ambicionam. Contudo, é importante que você não generalize essas noções. Como você sabe, as pessoas são diferentes e, por isso, são motivadas por fatores internos, pessoais. Dessa forma, a ambição e o desejo que alguns podem apresentar, querendo "subir" na empresa e assumir cargos de liderança ou gestão, outros irão refutar, preferindo continuar com suas tarefas cotidianas.

No contexto da gestão de pessoas, uma das áreas que apresentaram crescimento nas últimas décadas é a gestão de carreiras do pessoal da empresa. Ora, a partir do plano de cargos e salários, podem ser conhecidas todas as possibilidades de crescimento na carreira no interior da organização, bem como as exigências para a ocupação dos cargos. Com essas informações, fica facilitada a tarefa de gerenciamento da carreira em construção do colaborador. Assim, é possível aliar os interesses da empresa aos interesses pessoais de tais colaboradores. Nesse sentido, eles podem planejar seu futuro profissional e, em muitos casos, se manter dentro da organização.

**Saiba mais**

Um plano de cargos e salários pode contribuir para a melhoria do clima organizacional, uma vez que mede e constitui os indicadores a respeito da satisfação dos colaboradores em relação a vários aspectos da organização, inclusive das práticas associadas ao setor de recursos humanos. Para aprender um pouco mais sobre esses aspectos e sobre a importância do plano de cargos e salários para as organizações, assista à entrevista com a psicóloga Letícia Bringel, disponível no link a seguir.

https://goo.gl/tQXRN8

## Alguns pontos essenciais

Você viu anteriormente que a implantação de um programa ou plano de cargos e salários pode trazer grandes benefícios para os colaboradores e para as organizações. Isso se deve, principalmente, ao seguinte fato:

> As organizações podem ser concebidas como sistema de papéis. Cada indivíduo que ocupa uma posição na organização é solicitado a desempenhar um conjunto de atividades e a manter determinados comportamentos. Somente a partir do momento em que as pessoas passam a desempenhar papéis específicos é que as organizações começam a funcionar. Por isso, as organizações procuram selecionar seus empregados de forma tal que passem a cumprir seus papéis com a máxima eficácia (GIL, 2001, p. 171).

Partindo dessa citação, você pode compreender que esses papéis organizacionais são desempenhados nos cargos que a organização possui e que são estruturados para que esta possa atingir seus objetivos. Imagine se as pessoas chegassem para trabalhar em uma empresa e não soubessem exatamente o que fazer. Como o trabalho seria realizado? Provavelmente, haveria inúmeros problemas nos processos da organização, pois os colaboradores ficariam sem saber como agir, ou ainda não teriam condições de atuar em algumas das tarefas. Eles poderiam não possuir a formação desejada, as competências essenciais, enfim, os atributos que os qualificariam para exercer aqueles cargos.

Dessa forma, você pode perceber que um plano de cargos e salários, ao ser implementado, vai proporcionar que se atinjam dois pontos essenciais: uma **contratação assertiva** e a **manutenção da satisfação dos colaboradores** na organização.

Você pode considerar que uma **contratação** realizada de forma **assertiva** é aquela na qual existem especificações claras e corretas dos cargos, das exigências em termos de requisitos físicos, intelectuais e competências desejadas. Dessa forma, o plano proporciona que seja recrutado e selecionado no mercado de trabalho o perfil do colaborador com maiores chances de desenvolver bem suas atividades naquele cargo. Logo, a análise realizada sobre os cargos que a organização possui, a descrição desses cargos e as pesquisas salariais aumentam muito as possibilidades de que o subsistema de provisão de recursos humanos realize suas ações em busca de colaboradores mais apropriados e preparados.

**Fique atento**

Contratações assertivas e bem-sucedidas farão com que a rotatividade de pessoal na organização diminua. Como você viu, um dos grandes motivos da rotatividade é justamente o sentimento de inadequação do colaborador em relação ao seu cargo. Essa inadequação tanto pode decorrer de o funcionário sentir que o cargo é aquém do que poderia realizar quanto que está além de suas capacidades.

Quando um colaborador acredita que o seu cargo subestima suas competências, sente que possui conhecimentos e habilidades para executar muito mais do que está sendo contratado para fazer. Nesse sentido, poderá ficar insatisfeito e, dessa forma, perder a motivação para continuar tendo um desempenho satisfatório.

Da mesma maneira, aqueles colaboradores que, cotidianamente, sentem-se pressionados nas suas atividades com exigências de que não conseguem dar conta, que desconhecem ou que nunca experienciaram, também poderão ficar insatisfeitos, com sentimento de incompetência. Assim, podem perder a motivação de continuar atuando no cargo ou até mesmo na empresa. As organizações precisam, por meio desse trabalho de análise de cargos e salários, ter a percepção desses desencaixes entre os perfis dos colaboradores e os cargos que ocupam.

Com relação à **manutenção da satisfação dos colaboradores**, é importante você notar que alguns aspectos são essenciais: o estabelecimento de um valor pelo trabalho (salário e benefícios) condizente com o que se exige dos funcionários; o reconhecimento do seu trabalho; e a existência de justiça social no interior da organização. Logo, quando a gestão de pessoas constrói e implanta o seu plano de cargos e salários, afeta diretamente os colaboradores. Afinal, eles vão se sentir mais reconhecidos e com sentimento de justiça social ao perceberem que os valores recebidos podem ser considerados justos para as ações que realizam e que são distribuídos de forma equitativa entre os colaboradores. Da mesma forma, ter acesso ao plano de cargos e salários da organização faz com que os colaboradores possam estabelecer seus planejamentos pessoais em termos de carreira e de futuro (ou desligamento). A possibilidade de comparar o seu cargo (e salário) com os cargos similares das empresas concorrentes também pode ser considerada importante na manutenção dessa satisfação.

Quando se fala sobre satisfação, você não deve entender o termo como sinônimo de motivação, pois os colaboradores nas empresas são muito diferentes e apresentam objetivos diversos que os motivam a agir. Logo, a motivação é interna, pessoal e subjetiva. Ainda assim:

> Os gerentes precisam estar atentos à motivação de seus empregados. Precisam estar aptos para identificar suas necessidades e criar as condições para que as tarefas a eles atribuídas, assim como seu ambiente de trabalho, sejam capazes de satisfazê-los. Em suma: os gerentes não podem motivar seus empregados, mas precisam dispor de conhecimentos e habilidades suficientes para despertar ou manter sua motivação no trabalho (GIL, 2001, p. 202).

Ainda que você concorde com o autor e entenda que a motivação é pessoal, deve saber que os gestores podem (e devem) estar sempre procurando multiplicar ideias que afetem a motivação dos colaboradores. Por meio do conhecimento de suas equipes de trabalho, os gestores podem mapear como as pessoas reagem, o que as motiva, o que as estimula a trabalhar. Enfim, com a devida percepção, os gestores de pessoas acabam conhecendo as características pessoais de cada um e, assim, podem ter atitudes motivadoras.

Organizações que possuem planos de cargos e salários podem proporcionar melhores ambientes de trabalho, bem como melhoria no clima organizacional a partir dos ajustes dos colaboradores aos cargos mais apropriados, reconhecendo e valorizando suas características pessoais e competências. Considere as pessoas que ocupam os cargos para os quais apresentam todos os requisitos, que conhecem o que precisam conhecer, têm as habilidades necessárias e, dessa forma, produzem atitudes exemplares ao realizar cada atividade diária. Esses colaboradores costumam estar satisfeitos e felizes com a organização, atuando na melhoria do clima organizacional.

Da mesma forma, ao propor um salário considerado justo, igual ou superior ao praticado no mercado, as organizações atuam diretamente na satisfação dos colaboradores, o que poderá motivá-los. A percepção dos pré-requisitos para a ascensão profissional e das futuras faixas salariais a serem conquistadas, como estabelecido no plano de cargos e salários, também poderá motivar os colaboradores. Claro que, conforme você viu anteriormente, nem todos são motivados pelo dinheiro (salário), assim como nem todos possuem a mesma ambição de ascender profissionalmente. Porém, via de regra, na sociedade atual, o dinheiro é essencial para que as pessoas supram suas necessidades. E, de uma perspectiva econômica, as necessidades das pessoas são ilimitadas, ou seja, sempre haverá novos desejos a serem atendidos.

### Link

Você pode obter mais informações sobre os assuntos que viu neste capítulo no artigo "Administração de Cargos e Salários", de Flavia Nunes Flores. O estudo parte de um diagnóstico do atual plano de cargos e salários de uma empresa de consultoria contábil. Assim, a partir da descrição de atividades, processos, conhecimentos e atitudes, foi desenvolvida uma política de cargos e salários. Acesse o artigo no link a seguir.

https://goo.gl/SGufj3

### Referências

CARVALHO, A. V.; NASCIMENTO, L. P.; SERAFIM, O. C. G. *Administração de recursos humanos*. São Paulo: Pioneira, 1998.

CHIAVENATO, I. *Gestão de pessoas*. 3. ed. Rio de Janeiro: Elsevier, 2010.

HERZBERG, F. *Work and nature of man*. Cleveland: World Publishing Co. 1966.

GIL, A. C. *Gestão de pessoas:* enfoque nos papéis profissionais. São Paulo: Atlas, 2001.

MARRAS, Jean Pierre. *Gestão estratégica de pessoas:* conceitos e tendências. São Paulo: Saraiva, 2010.

MASLOW, A. H. A theory of human motivation. In: VROOM. V. H.; DECI, E. L. (Ed.). *Management and motivation:* selected readings. Baltimore: Penguin, 1970.

OLIVEIRA, T. F. L. *Análise de cargos*. 2006. Disponível em: <http://www.administradores.com.br/artigos/carreira/analise-de-cargos/12950/>. Acesso em: 14 mar. 2018.

PONTES, B. R. *Administração de cargos e salários:* carreira e remuneração. 15. ed. São Paulo: LTR, 2011.

RESENDE, Ê. *Cargos, salários e carreira:* novos paradigmas conceituais e práticos. São Paulo: Summus, 1991.

TOLFO, S. R.; PICCININI, V. C. As melhores empresas para trabalhar no Brasil e a qualidade de vida no trabalho: disjunções entre a teoria e a prática. *Revista de Administração Contemporânea*, v. 5, n.1, p. 165-193, 2001.

## Leituras recomendadas

BACHA, E. L. Hierarquia e remuneração gerencial. *Estudos Econômicos*, v. 4, n. 1, p. 143-175, 1974. Disponível em: <https://www.revistas.usp.br/ee/article/view/143311>. Acesso em: 27 mar. 2018.

CHANLAT, J. Quais carreiras e para qual sociedade? (I). *Revista de Administração de Empresas*, v. 35, n. 6, p. 67-75, 1995. Disponível em: <http://www.scielo.br/pdf/rae/v35n6/a08v35n6.pdf>. Acesso em: 27 mar. 2018.

EMPRESAS S/A. Entrevista plano de cargos e salários. *YouTube*, 26 maio 2012. Disponível em: <https://www.youtube.com/watch?v=SVXFSMnspIA>. Acesso em: 1 abr. 2018.

PEDRO, W. J. A. Gestão de pessoas nas organizações. *Revista Brasileira Multidisciplinar*, v. 9, n. 2, p. 81-86, 2005. Disponível em: <http://revistarebram.com/index.php/revistauniara/article/view/268>. Acesso em: 27 mar. 2018.

# Descrição de cargos – Parte 1

## Objetivos de aprendizagem

Ao final deste texto, você deve apresentar os seguintes aprendizados:

- Analisar os principais aspectos da descrição de cargos e salários.
- Reconhecer os três métodos utilizados na primeira fase da descrição dos cargos e salários.
- Identificar as informações necessárias para construir uma base sólida para a coleta de dados na descrição de cargos e salários.

## Introdução

Como você sabe, as organizações passaram por mudanças significativas nas últimas décadas. Hoje, elas procuram adaptar-se a um novo ambiente em que a competitividade, aliada às novas tecnologias da informação e da comunicação, exige competências diferenciadas dos colaboradores. Dessa forma, o setor de gestão de pessoas precisou se profissionalizar e buscar maneiras de demonstrar que sua atuação também poderia agregar valor às organizações. Um dos instrumentos que ajuda a organização a adaptar-se e a competir nesse mercado reconfigurado é o plano de cargos e salários. Esse plano se inicia a partir da descrição de cargos e salários inerentes à empresa.

Neste capítulo, você vai estudar os principais aspectos da descrição de cargos e salários. Além disso, vai conhecer as técnicas utilizadas para coletar os dados necessários para compor tais descrições. Por último, vai analisar a importância das informações para que esse processo de descrição de cargos e salários seja implementado de maneira eficaz.

## Principais aspectos

O primeiro aspecto que você deve considerar é que o sucesso na implementação de um plano de cargos e salários eficaz passa necessariamente pela execução de uma ótima descrição e especificação dos cargos que a organização possui. Ou seja, "As descrições e especificações dos cargos fornecem o alicerce firme para a avaliação dos cargos, da qual resultará a fixação de salários internamente coerentes" (PONTES, 2011, p. 43).

Como você pode perceber, quando se fala em administração de cargos e salários, o início desse processo é a descrição de cargos. Nela, aparecerão, para cada cargo, as seguintes informações: o que o ocupante faz, como ele executa essas atividades e por que as realiza. Uma descrição de cargos elaborada de forma eficiente fornece subsídios para uma análise consistente de cargos futura. Além disso, contribui para que a organização estabeleça uma política de cargos e salários equitativa e motivadora.

A descrição de cargos pode ser realizada de forma sumária ou detalhada. A especificação de cargos costuma integrá-la, uma vez que é nela que se encontram as informações relativas aos "[...] requisitos, responsabilidades e esforços impostos ao ocupante do cargo" (PONTES, 2011, p. 81).

Para que você entenda plenamente o vocabulário utilizado na administração de cargos e salários, convém conhecer alguns dos termos recorrentes. Observe o Quadro 1.

**Quadro 1.** Termos recorrentes na administração de cargos.

| | |
|---|---|
| **Tarefa** | Consiste em uma atividade realizada por um indivíduo na organização. Por exemplo: arquivar documentos, atender aos clientes, etc. |
| **Função** | É o conjunto de tarefas atribuídas a um indivíduo na organização. Por exemplo: serviços de secretaria da área comercial, rotinas de departamento pessoal, etc. |
| **Cargo** | É o conjunto de funções substancialmente idênticas quanto à natureza das tarefas executadas e às especificidades exigidas dos ocupantes. Por exemplo: analista de RH, gerente comercial, etc. |
| **Grupo ocupacional** | É o conjunto de cargos que se assemelham quanto à natureza do trabalho. Por exemplo: grupo ocupacional administrativo, grupo ocupacional operacional, etc. |

*Fonte:* Adaptado de Pontes (2011).

O conhecimento dessas definições é importante para que você possa entender o conceito de descrição de cargos. A descrição de cargos "[...] consiste na exposição ordenada das tarefas ou atribuições de um cargo e a especificação na identificação dos requisitos necessários para o desempenho dessas tarefas ou atribuições" (GIL, 2001, p. 181).

Como a descrição e a especificação de cargos resumem-se a tarefas de redação, escrita e detalhamento dos aspectos inerentes aos cargos em questão, é importante você observar alguns princípios para que atinjam sua finalidade. São eles:

- **Clareza:** preferir termos simples, que não deem margem a ambiguidades. Caso sejam utilizados termos técnicos pouco conhecidos, convém que sejam definidos. Considera-se clara uma descrição quando alguém que não conhece o cargo é capaz de entendê-la;
- **Precisão:** preferir termos que sejam passíveis de algum tipo de mensuração;
- **Concisão:** preferir frases curtas, evitando minúcias desnecessárias;
- **Impessoalidade:** para tornar a descrição impessoal, iniciar com um verbo no infinitivo ou na terceira pessoa do singular do presente do indicativo. Por exemplo: "arquivar documentos" ou "arquiva documentos" (GIL, 2001, p. 182).

Como você pode perceber, a capacidade de comunicação por meio de uma escrita clara, concisa, impessoal e precisa é fator fundamental para que as descrições de cargos e salários sejam realizadas de forma eficiente.

**Fique atento**

Outro método que também pode ser utilizado para a coleta de dados sobre um cargo visando à sua descrição mais detalhada e assertiva é o registro diário. Ele pode ser realizado pelo próprio ocupante do cargo, que vai descrevendo diariamente aquilo que executa, como o faz e o que é exigido para que a tarefa se concretize.

## Métodos utilizados

Como você viu, uma descrição de cargos deve ser realizada de forma consistente e traduzir pormenorizadamente exigências envolvidas, pré-requisitos, atribuições e todos os fatores envolvidos. Para isso, é necessária uma boa coleta de informações a respeito dos cargos.

Essa é a primeira fase da descrição dos cargos e salários, quando se coletam os dados necessários para a escrita posterior das descrições e especificações. Existem três métodos amplamente utilizados para coletar essas informações: a entrevista, o uso do questionário e a observação. Também podem ser utilizados métodos combinados. Agora, você vai conhecer cada um dos três métodos.

## Entrevista

A entrevista é considerada o método mais indicado para a coleta de dados, uma vez que o entrevistador pode obter informações essenciais sobre o cargo com o próprio ocupante, eliminando eventuais dúvidas a respeito das atribuições e das tarefas envolvidas. A entrevista consiste de "Perguntas feitas individualmente aos funcionários e aos gerentes sobre o cargo que está sendo revisado" (BOHLANDER; SNELL; SHERMAN, 2005, p. 33). Embora a entrevista envolva somente perguntas a serem realizadas, você deve tomar alguns cuidados na sua preparação.

Pontes (2011) considera que a entrevista deve ser estruturada em cinco etapas:

1. **Informações gerais:** nessa etapa, as informações são coletadas junto ao gerente da unidade. Assim, é necessário verificar qual colaborador será entrevistado e como é o trabalho ali executado. Também é marcada a entrevista e são explicadas ao colaborador as finalidades dela. A ideia é que ele vá pensando a respeito das tarefas que desempenha e de suas responsabilidades no cargo.
2. **Quebra-gelo e finalidade da entrevista:** nessa etapa, deve-se conquistar a confiança do entrevistado. Nela, é necessário esclarecer que a entrevista vai ser utilizada para a descrição de cargos. Assim, para que estes possam ser analisados futuramente, é fundamental que o ocupante forneça as informações necessárias.
3. **Análise das tarefas do cargo:** essa é uma fase importante da entrevista. Nela, o entrevistado deve listar as tarefas que realiza, procurando deixar claros os objetivos de sua realização, o que é feito, como é feito e por que é feito. Também é importante perguntar sobre a periodicidade com que as tarefas ocorrem.
4. **Análise da especificação do cargo:** nessa fase da entrevista, o entrevistado deve se ater às exigências que o cargo possui em nível de experiência, instrução, responsabilidades, etc.

5. **Encerramento da entrevista:** ao finalizar a entrevista, o entrevistador deve reforçar ao entrevistado que suas respostas vão compor a descrição e a especificação do cargo. Assim, caso se faça necessário, eles poderão encontra-se novamente para esclarecer dúvidas sobre as respostas dadas.

O sucesso de uma entrevista está relacionado com algumas características necessárias ao entrevistador, como: "[...] facilidade de relacionamento interpessoal, objetividade, memória e escrupulosidade [...]" (GIL, 2001, p. 181). Como você pode perceber, o entrevistador deve preparar-se para realizar sua entrevista. Deve valer-se de um clima favorável, da formulação de perguntas claras e objetivas e buscar sempre a colaboração do entrevistado.

Embora esse método seja considerado o melhor e mais amplamente utilizado pelos analistas de cargos e salários para compor as descrições dos cargos e suas especificações, a entrevista apresenta vantagens e desvantagens em sua aplicação, como você pode ver no Quadro 2.

**Quadro 2.** Vantagens e desvantagens da entrevista como método de coleta de dados.

| Vantagens | Desvantagens |
|---|---|
| Possibilita o esclarecimento de dúvidas | Custo elevado com analistas experientes |
| Oferece maior flexibilidade, aplicando-se a qualquer cargo | Paralisação do trabalho para a realização das entrevistas |
| Viabiliza a obtenção de dados mais confiáveis | Quando mal elaboradas, as perguntas podem induzir a confusões, mal--entendidos e descrédito do processo |
| Proporciona a obtenção de dados com quem melhor conhece o cargo | É frequente a existência de desmotivação para responder às perguntas |

*Fonte:* Adaptado de Gil (2001) e Pontes (2011).

## Questionário

Agora você vai aprender a respeito da utilização do questionário como fonte de coleta de dados e informações necessárias para a descrição de cargos e salários. Os questionários podem ser entendidos como:

> Formulários cuidadosamente preparados a serem preenchidos individualmente pelos ocupantes do cargo analisado e pelos gerentes. Fornecem dados sobre deveres e tarefas dos trabalhos desempenhados, objetivo do trabalho, ambiente físico, requisitos para o desempenho do cargo (habilidade, nível de instrução, experiência, demandas físicas e mentais), equipamento e materiais usados e preocupações especiais com saúde e segurança (BOHLANDER; SNELL; SHERMAN, 2005, p. 33).

Embora o questionário seja um instrumento aparentemente simples e com o qual você já está familiarizado, ao prepará-lo para a obtenção de dados nessa fase da descrição de cargos você deve ter alguns cuidados. Assim, é necessário: elaborar as perguntas de forma clara e acessível, não utilizar quantidade excessiva de questões, bem como apresentar perguntas ordenadas de maneira lógica e que não induzam ou sugiram respostas dos ocupantes dos cargos ou gerentes que respondem aos questionários. O questionário também vai apresentar vantagens e desvantagens em sua aplicação, como você pode ver no Quadro 3.

**Quadro 3.** Vantagens e desvantagens do questionário como método de coleta de dados.

| Vantagens | Desvantagens |
|---|---|
| É um instrumento rápido e barato | Não é aplicável a todos (analfabetos ou pessoas com dificuldade de escrita) |
| Não exige treinamento para sua aplicação | Exige elaboração com planejamento cuidadoso |
| É aplicado a um grande número de pessoas | Por envolver poucas questões, tende a ser superficial |
| É adequado para cargos que envolvem atribuições complexas | Por desconhecerem as técnicas de análise e descrição de cargos, as pessoas tendem a preencher de modo incorreto ou incompleto |

*Fonte:* Adaptado de Gil (2001) e Pontes (2011).

## Observação

Finalizando sua aprendizagem sobre os três métodos a serem utilizados, de forma individual ou combinada, para coletar as informações que construirão a base sólida dos conhecimentos sobre os cargos descritos, você vai agora verificar o método da observação.

Como a denominação já informa, na observação "o analista obtém informações sobre cargos observando as atividades dos funcionários e registrando notas em um formulário padronizado" (BOHLANDER; SNELL; SHERMAN, 2005, p. 33).

Claro que antes de essa observação ser realizada é necessário estabelecer uma combinação prévia com o gerente do setor do cargo a ser observado, explicando-lhe a finalidade do procedimento. Ao observador também se requer que estabeleça um roteiro de observação que possa estruturar seu olhar durante o período em que busca os dados sobre o cargo. Agora, você vai conhecer as vantagens e desvantagens do método de observação. Observe o Quadro 4.

**Quadro 4.** Vantagens e desvantagens da observação como método de coleta de dados.

| Vantagens | Desvantagens |
|---|---|
| Não requer a paralisação do trabalho pelo ocupante do cargo | É um método moroso, que requer tempo do analista, elevando os custos do processo |
| É adequada para a análise de tarefas simples e repetitivas | Normalmente as observações deverão ser completadas por surgirem dúvidas sobre tarefas e especificações |
| Permite melhor compreensão dos objetivos, relações e operações dos cargos | É contraindicado para análise de tarefas complexas |
| Faz a verificação in loco das responsabilidades do cargo | |
| Faz a verificação precisa das condições ambientais onde o trabalho é desenvolvido | |

*Fonte:* Adaptado de Gil (2001)

### Link

Assista ao vídeo "Administração de Cargos e Salários", disponível no link a seguir, e perceba como esse processo é importante e contribui para a gestão contemporânea das organizações, uma vez que traz vantagens a ambos, empresa e colaboradores.

https://goo.gl/C2v2Jj

## Importância das informações

Na sociedade contemporânea, a informação está disseminada e ao acesso dos indivíduos como em nenhuma outra época. Porém, é interessante você notar que "A informação, quando adequadamente assimilada, produz conhecimento, modifica o estoque mental de informações do indivíduo e traz benefícios ao seu desenvolvimento e ao desenvolvimento da sociedade em que ele vive" (BARRETO, 1994, p. 1). Por outro lado, no interior das organizações é comum faltarem informações que as ajudem a estruturar seus processos mentais e cumprir suas tarefas rotineiras.

Dessa forma, para realizar uma análise de cargos eficaz, é essencial que as informações obtidas pelas técnicas que você viu neste capítulo (observação, entrevista, questionário ou o uso combinado delas) produzam uma descrição de cargos sólida e assertiva. Essas informações servirão como norteadoras para as futuras fases da administração de cargos e salários. Por isso, "[...] todas as informações devem ser precisas, assegurando-se de que todas as informações pertinentes sejam incluídas" (BOHLANDER; SNELL; SHERMAN, 2005, p. 33).

As informações que devem ser coletadas para a descrição de cargos e salários podem ser entendidas melhor se você imaginar que, ao descrever as tarefas pertinentes a um cargo específico, deve responder às perguntas: o que faz, como faz e por que faz.

Veja um exemplo que ilustra esse ponto: imagine que você esteja observando um assistente de recursos humanos desenvolver suas atividades cotidianas. Então, você percebe o seguinte:

- **O que faz:** guarda fichas de funcionários em suas respectivas pastas;
- **Como faz:** por meio da classificação nominal em ordem alfabética nos arquivos utilizados;
- **Por que faz:** para que mantenha as informações a respeito dos funcionários organizadas e facilmente acessíveis.

Se você incluísse essas informações na descrição de cargos, obteria o seguinte: guardar as fichas de funcionários em ordem alfabética para que possam ser facilmente localizadas e utilizadas quando necessário.

As descrições de cargos e salários podem apresentar-se divididas em descrição sumária e descrição detalhada. Na descrição sumária, há um resumo que traz uma compreensão rápida e generalista sobre o cargo (o que faz). Na detalhada, são especificadas as principais tarefas desenvolvidas pelo ocupante do cargo.

Na sequência da descrição detalhada, segue-se a especificação do cargo, que irá apontar os "[...] requisitos, responsabilidades e esforços impostos ao ocupante do cargo. Esses relatos não devem ser longos e vagos e poderão não ser definitivos, uma vez que poderão sofrer modificações durante as avaliações dos cargos" (PONTES, 2011, p. 81).

Os principais fatores a serem considerados para a especificação dos cargos são os seguintes:

- instrução;
- conhecimento;
- experiência;
- iniciativa/complexidade;
- responsabilidade por supervisão;
- responsabilidade por máquinas e equipamentos;
- responsabilidade por numerários;
- responsabilidade por erros;
- responsabilidade por materiais e produtos;
- responsabilidade por segurança de terceiros;
- esforço mental e visual;
- responsabilidade por contatos;
- esforço físico;
- risco;
- condições de trabalho.

O mais relevante na especificação do cargo são os requisitos que se referem ao grau de instrução e aos conhecimentos e experiências necessários para que as tarefas sejam realizadas.

As responsabilidades que se encontram envolvidas vão variar muito de acordo com cada cargo e com o fato de este possuir ou não aspectos de gestão envolvidos. Esse item é importante uma vez que essas responsabilidades podem significar montantes de recursos financeiros envolvidos. Imagine que um colaborador seja responsável por uma máquina cujo investimento por parte da empresa foi muito alto e que necessita, a partir do desenvolvimento de suas atividades, que se realizem processos cotidianos de manutenção. Caso o colaborador negligencie essas atividades pelas quais é o responsável direto, a máquina poderá estragar, causando grandes prejuízos para a organização.

As condições ambientais onde as tarefas se desenvolvem e os devidos mapeamentos de riscos também devem ser elencados visando informações mais precisas sobre o cargo em questão. Para que se consiga adequar o perfil correto ao cargo, são imprescindíveis informações a respeito das questões ambientais. É necessário verificar, por exemplo, se existe insalubridade ou periculosidade nos locais onde o ocupante do cargo realiza suas tarefas cotidianas.

Outro ponto importante diz respeito ao nível de esforço físico requerido do ocupante de tal cargo para que realize suas atividades laborais. Devem ser levantadas as informações relativas à constituição do trabalho: se exige esforço braçal, se proporciona fadiga aos colaboradores, se causa desgastes ergonômicos, entre outros.

Como você pode perceber, essa fase inicial de coleta dos dados e sua utilização na descrição de cargos e salários é de suma importância. A partir dela, é possível desenvolver um plano de cargos e salários eficaz e implementar políticas de remuneração justas e equitativas na organização.

**Link**

No link a seguir, você pode acessar o artigo "Plano de carreira, cargos e salários: ferramenta favorável à valorização dos recursos humanos em saúde pública". Ele mostra como o plano de carreira, cargos e salários é uma ferramenta passível de ser aplicada a organizações dos mais variados segmentos, servindo de fonte de motivação e satisfação para os colaboradores.

https://goo.gl/MEm1er

## Referências

BARRETO, A. A. A questão da informação. *São Paulo em Perspectiva,* v. 8, n. 4, p. 3-8, 1994.

BOHLANDER, G. W.; SNELL, S.; SHERMAN, A. *Administração de recursos humanos.* São Paulo: Thomson, 2005.

GIL, A. C. *Gestão de pessoas:* enfoque nos papeis profissionais. São Paulo: Atlas, 2001.

PONTES, B. R. *Administração de cargos e salários:* carreira e remuneração. 15. ed. São Paulo: LTR, 2011.

## Leituras recomendadas

FIGUEIREDO, R. M. *Administração de cargos e salários*. 2007. Trabalho de Conclusão de Curso (Graduação em Administração) - Centro Universitário de Brasília, Brasília, 2007. Disponível em: <http://repositorio.uniceub.br/handle/235/8913>. Acesso em: 28 mar. 2018.

KRETZER, K. *Criação de um plano de cargos e salários para a empresa Automatiza*. 2007. Trabalho de Conclusão de Curso (Graduação em Administração) ▧ Universidade Federal de Santa Catarina, Florianópolis, 2007. Disponível em: <https://repositorio.ufsc.br/handle/123456789/131250>. Acesso em: 28 mar. 2018.

PORTAL EDUCAÇÃO. Videoaula: administração de cargos e salários. *YouTube*, 25 jun. 2014. Disponível em: <https://www.youtube.com/watch?v=f0q5SQNI3lk>. Acesso em: 1 abr. 2018.

SOCHODOLAK, C. R.; MELO JUNIOR, A. M. O plano de cargos e salários como ferramenta de gestão. *Revista Eletrônica Lato Sensu,* ano 3, n.1, 2008. Disponível em: <http://www.roseillimite.com.br/wp-content/uploads/2017/03/Adm.-Plano-de-Cargos-e--Sal%C3%A1rios.pdf>. Acesso em: 28 mar. 2018.

# Descrição de cargos – Parte 2

## Objetivos de aprendizagem

Ao final deste texto, você deve apresentar os seguintes aprendizados:

- Analisar os dados coletados na primeira fase da descrição de cargos e salários.
- Definir a nomenclatura dos cargos.
- Reconhecer os padrões para cada tipo de classe de cargo, conforme a sua natureza: gerencial, administrativo e operacional.

## Introdução

A análise de cargos é uma das etapas da descrição de cargos. Ela é feita a partir das informações coletadas na organização. Assim, é possível distinguir as complexidades e responsabilidades de cada cargo na empresa. Nessa fase, são corrigidos os perfis e requisitos de cada cargo e definidos os padrões para cada tipo de classe, conforme sua natureza. Além disso, são estabelecidas as nomenclaturas dos cargos.

Neste capítulo, você vai estudar as informações relevantes para que a análise de cargos seja eficiente e para que seja obtida uma descrição de cargos e salários consistente.

## Como analisar os dados coletados

Na primeira fase da descrição dos cargos, é necessário adotar técnicas de coleta de dados: entrevista, questionário, observação ou a combinação dessas opções. Essa coleta fornece informações valiosas sobre as atividades/tarefas desenvolvidas cotidianamente nos cargos pesquisados. Afinal, ela é realizada diretamente com o ocupante do cargo ou com os seus gestores.

Agora, você deve notar que, "Para analisar os cargos, duas etapas são necessárias: coleta de dados e descrição e especificação dos cargos. [...] Uma vez concluído o trabalho, o produto resultante é o catálogo de cargos" (PONTES, 2011, p. 48). Ao realizar a análise dos cargos, você já deve estar familiarizado com a coleta de dados, com a descrição sumária e detalhada dos cargos e com os fatores envolvidos na especificação deles. A partir de agora, você vai ver como os cargos são classificados por grupos ou classes ocupacionais e como é construída sua nomenclatura.

Para entender melhor, observe o Quadro 1.

**Quadro 1.** Etapas de descrição de dados.

| **Coleta de dados** | ▪ Escolha da técnica de coleta de dados<br>▪ Coleta de dados |
| --- | --- |
| **Descrição e especificação dos cargos** | ▪ Junção das funções de mesma natureza para formar o cargo<br>▪ Redação da descrição dos cargos<br>▪ Redação da especificação dos cargos<br>▪ Classificação dos cargos por grupos ocupacionais<br>▪ Catálogo de cargos |

*Fonte:* Adaptado de Pontes (2011).

Depois da coleta de dados, cabe ao analista de cargos traçar suas ponderações sobre as informações obtidas. O que pode ajudar nesse momento inicial da análise sobre os dados coletados e da redação das descrições/especificações é a verificação da Classificação Brasileira de Ocupações (CBO), realizada pelo Ministério do Trabalho. Ela pode servir para a comparação das descrições de cargos.

É importante você notar que há, na contemporaneidade, uma reconfiguração do mundo do trabalho. Isso afeta diretamente o trabalhador e aquilo que lhe é exigido para cumprir suas tarefas cotidianas. Dessa forma, "[...] a necessidade de responder a mudanças globais pode alterar a natureza dos cargos e os requisitos necessários para que os indivíduos tenham um bom desempenho" (BOHLANDER; SNELL; SHERMAN, 2005, p. 37). Você pode identificar essas reconfigurações a partir, por exemplo, das exigências que se apresentam ao colaborador para que exerça suas funções de acordo com as novas tecnologias digitais. Isso significa que a análise dos cargos deve ser realizada com base nas novas competências requeridas dos profissionais. Assim:

> [...] a análise de cargos deve formatar cargos para cumprir com as necessidades organizacionais e não a de consolidar situações existentes. Isso requer um trabalho de análise de fato, verificando e entendendo processos, e não uma simples análise de situações existentes. [...] A análise de cargos deve visar não somente ao estudo dos cargos, mas à análise crítica dos processos de trabalho, tornando-os mais enxutos, eficientes, criativos, rápidos, seguros e com qualidade.

> Em seguida, verificar a forma de estruturar o cargo de modo que o profissional possa ter melhor desempenho. Disto resulta um novo formato de cargo — o cargo amplo que permite a polivalência do trabalhador (PONTES, 2011, p. 100).

Hoje, é perceptível que se exige um perfil polivalente e multifacetado, ou seja, um colaborador que se ajuste, que seja flexível a mudanças e que possa ocupar posições diferentes dentro dos processos empresariais envolvidos na execução de suas tarefas. Da mesma forma, a descrição de cargos e salários deverá adaptar-se às novas exigências do mercado e desenvolver esse olhar sobre as competências requeridas.

Essa tendência de constituir o que o autor chamou de "cargo amplo" implica modificar a análise de cargos tradicional, que dividia o processo entre vários cargos. Agora, um cargo se divide em níveis diferentes. Considere como exemplo o cargo de supervisor operacional. Numa perspectiva tradicional, haveria o líder operacional, o supervisor operacional, o subgerente operacional e o gerente operacional. Todos ocupam funções e atribuições dentro do processo de gestão operacional, não é mesmo? Porém, o nível de suas competências/responsabilidades é diferente. Na contemporaneidade, as empresas, nesse caso, optam por realizar o cargo amplo, ou seja, fazem a seguinte divisão: supervisor operacional I (líder), supervisor operacional II (supervisor), supervisor operacional III (subgerente) e gerente operacional. Como você pode perceber, essa nova configuração dos cargos diminui níveis hierárquicos dentro da organização (*downsizing*) e promove uma visão sistêmica e ampliada das competências relativas aos seus ocupantes. Estes, por sua vez, podem perceber uma tendência de crescimento e ascensão profissional em seus cargos dentro da empresa.

Segundo Bohlander, Snell e Sherman (2005), as análises de cargos realizadas em ambientes de mudança devem seguir duas abordagens:

- estratégica;
- por competência.

Na abordagem estratégica, o analista de gestão de pessoas deve estar atento às tendências de mercado e aos requisitos necessários aos ocupantes dos cargos no cenário futuro. Esses fatores podem afetar as atribuições, e a ideia é ajustar as especificações dos cargos frente às novas exigências. Já ao analisar os cargos levando em consideração as competências exigidas dos seus ocupantes, o analista deve ter em mente que "Estas competências devem estar alinhadas com a cultura e com as estratégias da empresa" (BOHLANDER; SNELL; SHERMAN, 2005, p. 37).

É importante você considerar que na atualidade diversas novas competências consideradas subjetivas ou imateriais são exigidas em muitos cargos. Entre elas, as habilidades de comunicar-se, ter bom relacionamento interpessoal, tomar decisões assertivas, solucionar conflitos, realizar intraempreendedorismo, possuir flexibilidade de adaptação, além de automotivação, inteligência emocional, entre tantas outras.

### Fique atento

Você conhece o *downsizing*? Ele é uma técnica de administração que foi criada nos Estados Unidos, nos anos 1970. Seu objetivo é provocar o "achatamento" de cargos das organizações, promovendo um estudo a respeito deles. Assim, devem ocorrer a eliminação de níveis hierárquicos e a redução de custos empresariais com cargos verificados como não tão necessários à empresa. Essa técnica, embora signifique demissões no curto prazo, no longo prazo pode contribuir para uma organização mais eficaz e efetiva.

## Como nomear os cargos

A nomeação ou titulação é o momento em que o cargo recebe a sua identificação. A partir daí, é pelo nome definido que ele será referido em todos os processos de gestão de pessoas dentro da organização e, ainda, ao ser utilizado para todos os efeitos legais/trabalhistas relacionados. Como você deve imaginar, a nomeação precisa estar em sintonia com a Classificação Brasileira de Ocupações. Logo, não é uma tarefa simples que deve ser realizada com leviandade pelo analista de cargos e salários.

Segundo o próprio conceito apresentado no site da CBO (BRASIL, 2018), "O título ocupacional, em uma classificação, surge da agregação de situações similares de emprego e/ou trabalho". Essas situações similares a que a CBO se refere dizem respeito às tarefas realizadas pelos ocupantes do cargo. Ou seja, colaboradores que realizam as mesmas atividades provavelmente deverão ocupar cargos com a mesma nomenclatura. Afinal, "O título a ser atribuído ao cargo deve corresponder às tarefas narradas. Preferencialmente, o título a ser atribuído deve ser universal, isto é, utilizado pela maioria das empresas" (PONTES, 2011, p. 98).

Você já deve ter observado isso ocorrendo no interior das organizações em que atuou. Os profissionais que ocupam funções pertinentes ao controle dos processos, da avaliação do desempenho e, em alguns casos, até mesmo

Descrição de cargos – Parte 2 | 37

da conduta de outros colaboradores, independentemente da área, poderão ser chamados de supervisores, por exemplo. Nesse caso, esse título estaria associado ao departamento em que atuam. Assim, haveria o supervisor de produção, o supervisor de recursos humanos, o supervisor comercial, entre outros. É interessante também que você perceba que haverá certo equilíbrio nos salários oferecidos para ocupantes de cargos semelhantes — no caso do exemplo, os supervisores. Nesse sentido, as organizações procuram estabelecer um valor a ser pago adequado às atribuições e competências exigidas pelo cargo. Outro aspecto que você pode considerar é a possibilidade de o nome do cargo oferecer certo *status* social ao seu ocupante. Como você deve imaginar, isso ocorre normalmente com cargos que se relacionam à gestão.

Até aqui, você já tem informações objetivas a respeito da nomenclatura dos cargos: aprendeu sobre relação de similaridade entre os títulos e cargos e viu que deve haver consistência entre o nome do cargo e as tarefas que o seu ocupante realiza — o que é obtido por meio das descrições do cargo (sumária e detalhada) e da compreensão universal que ele possui no mercado de trabalho. Além disso, como você viu, hoje há um contexto organizacional em constante mudança. A contemporaneidade enfrenta a reestruturação dos cargos, considerando-os de forma mais ampla e polivalente. Isso naturalmente afeta a sua nomeação. Assim, a extensão e a marcação de um cargo ocorrem de acordo com o nível de sua complexidade, e não por meio da criação de um "novo" cargo. Dessa forma, a tendência atual é a apresentada no Quadro 2, a seguir.

---

Analista de cargos júnior
Analista de cargos pleno
Analista de cargos sênior

---

Desenhista A
Desenhista B
Desenhista C

---

Secretária I
Secretária II
Secretária III
Secretária IV

---

*Fonte:* Adaptado de Pontes (2011).

As nomeações exemplificadas no Quadro 2 são adotadas para cargos considerados de uma mesma família (tarefas similares). As letras e numerações demonstram o aumento da complexidade, logo há também aumento das especificações e exigências para os ocupantes dos cargos em termos de competências. Os colaboradores que ocupam, por exemplo, o cargo de desenhista C, ao conhecerem o plano de carreira, cargos e salários da organização, irão verificar as exigências para a ocupação do cargo posterior, de desenhista B. Caso seja de seu interesse, poderão, então, qualificar-se para concorrerem a ele no futuro. Além disso, poderão visualizar quais benefícios estão agregados ao novo cargo e qual é a contrapartida salarial. Da mesma forma em relação ao cargo de desenhista A, que representa o topo da classificação/nomeação.

Você pode perceber aqui, com maior exatidão, como o nome com que se denomina o cargo é importante. É necessário um rigoroso estudo para enquadrar as características inerentes a ele, evitando que o seu ocupante atue em disfunção daquilo para o que foi contratado pela empresa. Da mesma forma, o título que o cargo possui poderá ter impacto na motivação de alguns colaboradores, que poderão almejar novas posições, inclusive direcionando suas carreiras para elas.

**Saiba mais**

A Classificação Brasileira de Cargos foi instituída pela Portaria Ministerial nº 397, de 9 de outubro de 2002. Ela tem por finalidade a identificação das ocupações no mercado de trabalho para fins classificatórios junto aos registros administrativos e domiciliares.

## Cargos de classe gerencial, administrativa e operacional

Uma das ações inerentes à análise de cargos é o agrupamento deles de acordo com suas características principais, estabelecendo uma distribuição em grupos ocupacionais ou classes. Segundo Pontes (2011, p. 45), um grupo ocupacional "É o conjunto de cargos que se assemelham quanto à natureza do trabalho".

Existem inúmeras classes de cargos ou grupos ocupacionais. Aqui, você vai conhecer as mais utilizadas nos trabalhos que envolvem a análise de cargos, bem como sua descrição e sua especificação. São elas: gerencial, administrativa e operacional.

Observe o Quadro 3, que apresenta os padrões requeridos para cada uma dessas classes de cargos.

**Quadro 3.** Padrões para classes de cargos.

| Classe/grupo ocupacional | Natureza do trabalho | Cargos |
|---|---|---|
| **Gerencial** | Direção | Gerentes, diretores, executivos |
| **Administrativa** | Administração | Recepcionistas, assistentes, auxiliares, analistas, supervisores administrativos |
| **Operacional** | Execução operacional | Pedreiros, operadores, mecânicos, supervisores operacionais |

*Fonte:* Adaptado de Pontes (2011).

Você deve notar que essa divisão em grupos ocupacionais ou classes cumpre a finalidade de "[...] classificar os cargos e administrá-los diferentemente. Não há nenhuma rigidez para essa classificação de cargos, e o número de grupos depende do porte da organização e de sua área de atuação" (PONTES, 2011, p. 48). Essa consideração do autor é importante pois, quanto maior for a dimensão dos grupos ou classes de cargos existentes, maior e mais complexo se tornará o plano de cargos e salários a ser definido. Assim, são necessárias a descrição, a especificação, a titulação e a classificação de cada um dos cargos que ocupam as classes administrativa, gerencial e operacional.

O enquadramento, denominado "classificação de cargos", é realizado mediante cuidadosa análise da natureza do trabalho do cargo e da natureza do grupo ocupacional. Alguns cargos podem gerar dúvidas com relação ao seu enquadramento, uma vez que as tarefas podem contemplar mais de uma natureza. É o caso do cargo de supervisor de produção, cujo ocupante executa tarefas administrativas (supervisionar, elaborar relatórios de produção) e tarefas operacionais (operar a máquina). Quando isso ocorre, o enquadramento deve ser feito pela natureza da maior parte das tarefas ou pela natureza da atividade mais importante (PONTES, 2011).

Para que você entenda melhor essa divisão das classes de cargos, deve considerar que os cargos de classe operacional são aqueles relacionados à produção ou aos processos que têm por finalidade produzir algo, ou ainda prestar o serviço final a que a organização se propõe. Normalmente, as atividades operacionais relacionam-se às questões de competência técnica para sua execução.

A classe gerencial, por sua vez, se refere às atividades de condução dos negócios, de atuação sobre as questões estratégicas e de planejamento da definição e da busca dos objetivos organizacionais. Nessa classe, destacam-se as competências daqueles que são os gestores dentro da organização. Exige-se deles uma série de habilidades de relacionamento interpessoal, de liderança e de comunicação para que possam conduzir/liderar os colaboradores. A classe administrativa envolve os cargos que não se relacionam diretamente ao produto/serviço final realizado pela organização nem às suas ações de gerenciamento/direção. Esses cargos, contudo, apresentam funções distintas, específicas e importantes para que a empresa se mantenha em funcionamento e atenda a seus clientes e setores diversos de forma interdependente e eficaz. Você ainda deve saber que as organizações, ao realizarem as suas análises de cargos e salários, devem se empenhar ao máximo. A ideia é que não cometam injustiças ou inconsistências.

A Consolidação das Leis do Trabalho (1943) comenta, em seu art. 461, que "Sendo idêntica a função, a todo trabalho de igual valor, prestado ao mesmo empregador, no mesmo estabelecimento empresarial, corresponderá igual salário, sem distinção de sexo, etnia, nacionalidade ou idade" (BRASIL, 1943). Seguindo os incisos do mesmo artigo, você vai encontrar a menção ao fato de que essa regulação não tem validade caso a organização possua um plano de cargos e salários estabelecido em que constem outras regras. Nesse caso, essas regras devem fazer com que os colaboradores avancem entre classes específicas ali estabelecidas e ocupem cargos em ascensão a partir da demonstração de terem atingido critérios previamente definidos.

Considere o seguinte exemplo: uma empresa pode apresentar em seu plano de carreira, cargos e salários uma evolução de um cargo na classe gerencial entre os níveis de supervisão. Portanto, esse plano coloca como requisito ao cargo de supervisor operacional II exigências que envolvem instrução ou tempo de serviço, ou ainda a combinação de ambas, não se valendo somente das competências necessárias ou do aumento do nível de complexidade.

Como você viu, a existência de um plano de carreira, cargos e salários cumpre várias finalidades importantes. Inclusive, pode afetar diretamente a motivação dos colaboradores para que se mantenham na organização em busca de uma ascensão profissional que venha ao encontro de suas expectativas. Depois de conhecer as vantagens de um bom plano, fica fácil imaginar o contraste com uma situação distinta, não é? Nesse sentido, considere os funcionários de uma empresa que não possui um plano de carreira, cargos e salários. Eles, algumas vezes, nem sequer sabem exatamente quais atividades devem de fato realizar, ou, ainda, se têm a chance de avançar, de crescer dentro da empresa, galgando novas posições. Enfim, um plano de cargos e salários que apresente uma titulação dos cargos, uma classificação ocupacional adequada, além de toda a descrição e todas as especificações necessárias, irá trazer muitos benefícios à organização que o implantar.

## Link

No artigo *Plano de carreira, cargos e salários: ferramenta favorável à valorização dos recursos humanos em saúde pública*, você vai ver como o plano de carreira, cargos e salários é uma ferramenta passível de ser aplicada a organizações dos mais variados segmentos, servindo de fonte de motivação e satisfação para os colaboradores. Acesse esse artigo no link:

https://goo.gl/MEm1er

## Referências

BOHLANDER, G. W.; SNELL, S.; SHERMAN, A. *Administração de recursos humanos*. São Paulo: Thomson, 2005.

BRASIL. Decreto-Lei nº 5.452, de 1º de maio de 1943. Aprova a Consolidação das Leis do Trabalho. *Diário Oficial*, Brasília, 9 ago. 1943. Disponível em: <http://www.planalto.gov.br/ccivil_03/decreto-lei/Del5452.htm>. Acesso em: 25 mar. 2018.

BRASIL. Ministério do Trabalho. *Classificação brasileira de ocupações*. 2017. Disponível em: <http://www.mtecbo.gov.br/cbosite/pages/informacoesGerais.jsf#11>. Acesso em: 25 mar. 2018.

PONTES, B. R. *Administração de cargos e salários:* carreira e remuneração. 15. ed. São Paulo: LTR, 2011.

## Leituras recomendadas

MARCONI, N. *Políticas integradas de recursos humanos para o setor público*. [2003]. Disponível em: <http://www.top.org.ar/ecgp/FullText/000000/MARCONI%20Nelson%20-%20Politicas%20integradas%20de%20recursos%20humanos.pdf>. Acesso em: 29 mar. 2018.

PIMENTEL, G. S. R.; PALAZZO, J.; OLIVEIRA, Z. R. B. B. Os planos de carreira premiam os melhores professores. *Ensaio: Avaliação e Políticas Públicas em Educação*, v. 17, n. 63, p. 355-380, 2009. Disponível em: <http://www.scielo.br/pdf/ensaio/v17n63/v17n63a09>. Acesso em: 28 mar. 2018.

SCHUSTER, M. S.; DIAS, V. V. D. Plano de carreira nos sistemas de gestão público e privado: uma discussão a luz das teorias motivacionais. *Revista de Administração IMED*, v. 2, n. 1, p. 1-17, 2012. Disponível em: <https://seer.imed.edu.br/index.php/raimed/article/view/123>. Acesso em: 29 mar. 2018.

# Pesquisa salarial

## Objetivos de aprendizagem

Ao final deste texto, você deve apresentar os seguintes aprendizados:

- Analisar os salários praticados nas empresas *versus* os praticados no mercado de trabalho.
- Reconhecer o instrumento que mostra para as empresas o quanto estão próximas ou distantes da realidade salarial praticada pelo mercado.
- Identificar os itens fundamentais para a montagem da estrutura salarial de uma organização.

## Introdução

A pesquisa salarial é uma etapa do plano de cargos e salários que tem o objetivo de analisar e confrontar as práticas salariais do mercado. Ela busca estabelecer o equilíbrio externo e a competitividade da empresa com o mercado concorrente. Por meio da pesquisa salarial, as empresas consultam outras organizações que possuem os mesmos cargos. A ideia é identificar valores médios dos salários pagos, requisitos para a contratação, benefícios oferecidos, entre outras informações.

Neste capítulo, você vai estudar o instrumento que mostra às empresas o quanto elas estão próximas ou distantes da realidade salarial praticada pelo mercado.

## Análise dos salários praticados

A organização que deseja implantar um plano de cargos e salários deverá, obrigatoriamente, realizar uma pesquisa para conhecer as práticas salariais que o mercado oferta para cargos semelhantes aos seus. Essa etapa é importante pois fornecerá informações interessantes ao analista de recursos humanos ou gestão de pessoas. Com esses dados, ele poderá estabelecer, no plano de cargos e salários, um valor salarial condizente com as atividades desenvolvidas pelo ocupante do cargo e também ajustado e em sintonia com os valores pagos pelas organizações concorrentes. Ao tomar esse cuidado e realizar a pesquisa salarial de forma eficiente, o analista de gestão de pessoas promoverá a melhoria do desempenho dos colaboradores na organização.

Como você sabe, a motivação ou disposição para empenhar-se o melhor possível em suas atribuições tem muito a ver com o próprio funcionário, mas também é bastante influenciada pela organização. Hoje, sabe-se que os colaboradores preferem trabalhar em empresas que oferecem qualidade de vida, ou seja, que proporcionam segurança e satisfação (GIL, 2001). Os colaboradores que percebem que seus cargos estão sendo remunerados com salários mais baixos do que os praticados em outras empresas, por exemplo, poderão apresentar um sentimento de insatisfação a respeito da sua situação salarial. Assim, tenderão a procurar novas colocações no mercado, nas quais possam se sentir mais valorizados e melhor remunerados.

Portanto, como você viu, a pesquisa salarial é importante no contexto do plano de cargos e salários e causa impactos diretamente na organização. Considere, por exemplo, somente um dos indicadores de resultados da área de recursos humanos, o *turnover* ou rotatividade de pessoal — que mede o número de colaboradores que deixam a empresa em determinado período de tempo. Sem a realização da pesquisa salarial, essa rotatividade poderá estar sendo estimulada, canalizando, muitas vezes, os colaboradores para a busca daquelas organizações que "pagam melhor".

Para estudar o comportamento salarial praticado pelo mercado e, assim, contrapô-lo ao que a organização pretende ofertar aos seus colaboradores, é necessário realizar a pesquisa salarial. Ela envolve alguns passos, como você pode ver na Figura 1.

**Figura 1.** Passos para a realização da pesquisa salarial.

Como mostra a Figura 1, a pesquisa salarial pode ter como resultado a qualidade esperada pela organização. Pontes (2011) alerta para o fato de que a qualidade da pesquisa está diretamente relacionada à metodologia utilizada para coletar os dados que irão compô-la. Dessa forma, para dar um direcionamento assertivo à coleta de dados, será elaborado um manual em que serão definidos pormenorizadamente os procedimentos de tal coleta. Assim, é necessário detalhar os cargos a serem analisados, as empresas que serão consultadas, os detalhes de preenchimento dos cadernos de coleta de dados, entre outras informações pertinentes.

Após realizada a coleta de dados junto às empresas que foram previamente selecionadas, as informações obtidas precisarão ser tabuladas de acordo com critérios estatísticos. Só assim é possível verificar de que modo essas informações se aproximam ou se distanciam dos valores praticados pela organização. Esse tratamento estatístico dos dados é fundamental para que se possam realizar as análises deles.

A análise dos dados vai possibilitar que se realizem as comparações entre os salários propostos pela organização em seu plano de cargos e salários e os praticados pelas empresas que se encontram no mercado e que, concorrentes ou não, possuem cargos similares aos analisados. Para essa análise dos dados, podem ser utilizados gráficos que facilitem a observação das informações, como na Figura 2.

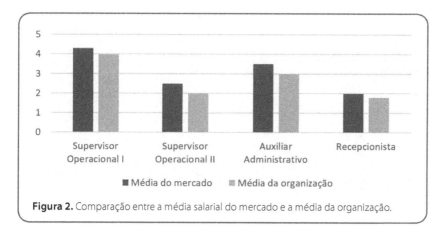

**Figura 2.** Comparação entre a média salarial do mercado e a média da organização.

Observando a Figura 2, você pode perceber que a organização em questão tende, para todos os cargos analisados, a praticar salários inferiores à média das demais empresas. Como você deve imaginar, isso pode ser preocupante, pois não oferece a condição de equilíbrio externo necessária para a empresa reter e manter seus colaboradores em seus quadros funcionais. As organizações, ao realizarem a pesquisa salarial, de posse dos dados tabulados, irão realizar suas análises. Elas devem verificar se sua situação se encontra abaixo da tendência do mercado, se é semelhante a esta ou superior a ela. Dessa forma, as empresas poderão realizar os ajustes necessários, corrigindo distorções (caso já possuam o plano de cargos e salários) ou implantando um plano e definindo um posicionamento melhor.

As organizações, ao praticarem suas políticas salariais, normalmente tendem a se manterem equilibradas em relação aos salários ofertados pelas organizações concorrentes. Porém, algumas irão apresentar um perfil mais agressivo e estratégico, ofertando salários e benefícios acima dos da concorrência. Com isso, elas buscam afetar o desempenho dos colaboradores, promovendo sua satisfação e atuando na sua motivação para permanência no cargo e na empresa.

### Fique atento

A tabulação dos dados e seu devido tratamento estatístico é fundamental para a garantia da qualidade da pesquisa salarial.

### Fique atento

Após a realização da coleta de dados nas empresas selecionadas, será realizado o tratamento estatístico das informações obtidas. Num primeiro momento, é necessário observar a data-base do último acordo/dissídio daquela ocupação e convertê-la para o mesmo número de horas mensais trabalhadas. Isso serve para evitar distorções nos valores a serem tabulados e, posteriormente, analisados. Dessa forma, parte-se para os cálculos comparativos de maneira acertada e mais ajustada à realidade efetivamente praticada no mercado.

## Como estruturar a pesquisa salarial

A pesquisa salarial é o instrumento pelo qual a organização verifica como se situa em termos salariais em relação ao mercado. Você deve notar que, em um cenário de competitividade acirrada e que exige das organizações capacidade de adaptação e flexibilidade, é fundamental que se possam reter talentos. Esses talentos, por sua vez, poderão ser melhor treinados e desenvolvidos para que as empresas atinjam seus objetivos organizacionais. Assim, a pesquisa salarial também poderá contribuir para essa finalidade.

A pesquisa salarial apresenta algumas etapas a serem seguidas para que cumpra plenamente suas finalidades. A seguir, você vai conhecer essas etapas e deve se familiarizar com os detalhes mais significativos de cada uma delas. Observe a Figura 4 e perceba a sequência de ações que compõem a pesquisa salarial.

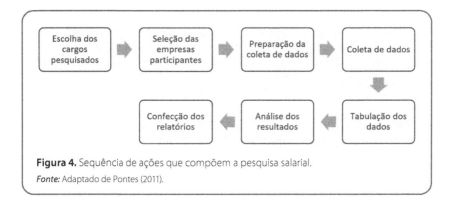

**Figura 4.** Sequência de ações que compõem a pesquisa salarial.
*Fonte:* Adaptado de Pontes (2011).

A escolha dos cargos que irão participar da pesquisa salarial é importante, não sendo aconselhado um número excessivo de cargos na amostra. Deve ser dada prioridade aos cargos de maior representatividade dentro e fora da empresa e que não incluam um universo muito variado de tarefas a serem realizadas pelos seus ocupantes. Aquelas ocupações consideradas universais deverão fazer parte dessa escolha, como é o caso dos cargos de secretária, recepcionista, analista, programador, supervisor, gerente, assistente, etc. Claro que, quando for realizado um único plano de cargos e salários para todas as classes ou grupos ocupacionais existentes na organização, nessa escolha dos cargos a serem pesquisados também deverão aparecer suas classificações internas. Afinal, essas classificações irão repercutir nas responsabilidades envolvidas e nas tarefas realizadas nos cargos. Por exemplo, se a empresa escolher o cargo de supervisor operacional, deverá pesquisar também os cargos de supervisor operacional III, supervisor operacional II e supervisor operacional I, procurando adequar a pesquisa à sua realidade.

A seleção das empresas que irão participar da pesquisa também é importante. Como você viu, elas servirão de base para as análises e comparações que a organização vai utilizar a fim de propor um plano de cargos e salários que busque equilíbrio externo. Porém, como você sabe, o mercado é muito amplo e precisam ser definidos critérios que delimitem o universo amostral para a coleta de dados. Assim, o número ideal de empresas escolhidas deve estar entre 10 e 20. Essas empresas devem possuir o mesmo porte da empresa pesquisadora e ainda atuar no mesmo segmento (concorrentes) ou contratar os mesmos tipos de profissionais. O critério regional também deve ser observado, dando preferência para empresas próximas, pois regiões mais distantes poderão praticar outras faixas salariais, o que pode gerar distorções.

Da mesma forma, deve ser levado em conta, segundo Pontes (2011, p. 255),

> [...] se essas empresas projetam imagem positiva ou pagam salários competitivos no segmento pesquisado, uma vez que essas companhias são mais procuradas por pessoas que procuram emprego e, com isso, a pesquisa terá maior aceitação interna.

Para compreender melhor os itens que devem ser considerados para a seleção das empresas pesquisadas, observe a Figura 5.

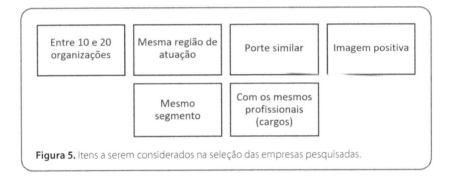

Figura 5. Itens a serem considerados na seleção das empresas pesquisadas.

Ao preparar a coleta de dados que será realizada nas empresas selecionadas para os cargos escolhidos, é recomendável a escrituração de um caderno de coleta de dados. Ele deve conter as descrições simplificadas dos cargos, os códigos ocupacionais, as especificações do cargo em termos de conhecimentos, a experiência e a instrução exigidas para os seus ocupantes. Também deverão constar dados sobre o salário, os benefícios a serem observados, a jornada de trabalho, entre outros julgados pertinentes para cada cargo em questão.

A realização da coleta de dados sempre deverá ser precedida de convite realizado para a empresa a ser pesquisada, estabelecendo a parceria e propondo a troca de informações por meio do envio do relatório dos dados. Ao realizar esse contato, poderão ser delimitados os cargos com maior precisão, reduzindo as possibilidades de erro. O sigilo no uso das informações obtidas deverá pautar as ações do pesquisador.

A tabulação dos dados é o momento em que os cadernos de campo retornam e em que serão então realizadas as ações estatísticas. Como você viu, essas ações verificam as médias salariais e suas variações entre o universo de organizações pesquisadas e a empresa pesquisadora. A análise dos resultados é o momento em que a organização que iniciou a pesquisa salarial poderá efetivamente verificar como se situa em relação às empresas pesquisadas no mercado. Assim, ela vai verificar se os salários e benefícios que pratica se encontram abaixo, na média ou acima do mercado. Para essa análise, são utilizados gráficos dos mais diversos, que facilitam a visualização dos resultados.

Ao final da pesquisa salarial, o produto são os relatórios pertinentes. Eles vão demonstrar como a empresa e as demais organizações pesquisadas se situam no mercado, estabelecendo comparações entre elas e, individualmente, entre elas e o mercado. As organizações pesquisadas deverão receber sua cópia do relatório, o que fará com que "[...] as empresas queiram espontaneamente participar das próximas pesquisas e sejam superadas as dificuldades normais da fase de coleta de dados" (PONTES, 2011, p. 263). Naturalmente, pode haver uma resistência inicial das empresas à abertura dos dados de seus colaboradores para a pesquisa salarial empreendida. Contudo, essa resistência costuma ser superada quando os analistas de cargos e salários das empresas pesquisadora e pesquisada se comprometem a compartilhar os resultados da pesquisa, que beneficiará a ambos.

**Saiba mais**

Ao realizar a pesquisa salarial com cargos de executivos (gerentes e diretores), deve-se ter cuidado para elencar nela os salários acrescidos também de seus benefícios. Afinal, os benefícios representam aspectos muito significativos da remuneração. Pontes (2011) chama atenção para esse aspecto e afirma que existem empresas que oferecem benefícios que podem incluir carro, manutenção do veículo, moradia, assistência médica de livre escolha, escolas para os filhos dos funcionários, entre muitos outros; tudo para manter os profissionais na organização.

# Estrutura salarial da organização

Quando são realizadas a pesquisa salarial e a posterior avaliação dos cargos existentes na organização, define-se a estrutura salarial. A ideia é construir uma progressão salarial que traduza a valorização dos cargos existentes na empresa. Logo, a estrutura salarial é importante pois permite, por meio de suas projeções estatísticas, o enquadramento dos salários da organização em escala de equivalência (graus). Assim, eles podem ser comparados em relação aos cargos praticados em outras organizações presentes no mercado.

Para que você possa compreender melhor a estrutura salarial, vai conhecer a seguir alguns termos amplamente utilizados (Quadro 1).

**Quadro 1.** Termos utilizados na estrutura salarial.

| Termo | Conceito |
| --- | --- |
| Grau | É o resultante de um agrupamento de cargos equivalentes e que terão o mesmo tratamento salarial. |
| Faixa salarial | Corresponde à diferença monetária entre o salário máximo e o salário mínimo do grau. |
| Salário máximo do grau | É o valor máximo de salário que um colaborador irá receber em determinado grau. |
| Salário mínimo do grau | É o valor mínimo a ser recebido de salário em determinado grau. |
| Salário médio do grau | É o valor médio entre o salário máximo e o salário mínimo de cada grau. |
| Classe | Corresponde a cada valor intermediário entre o mínimo e o máximo da faixa salarial de cada grau. |

*Fonte:* Adaptado de Pontes (2011).

A partir dos conceitos mostrados no Quadro 1, você pode entender mais claramente como a estrutura salarial é construída. Ela se forma a partir da implementação de um plano de cargos e salários no qual foram realizadas as descrições e especificações dos cargos. Além disso, envolve a análise dos dados, a pesquisa salarial e a avaliação dos cargos da organização em relação às empresas concorrentes. A estrutura salarial aponta quais são os níveis salariais dos cargos que a empresa utiliza, sendo possível visualizá-los a partir de seus valores máximos e mínimos e da média salarial empregada. Além disso, a estrutura possibilita a análise dos dados em relação à curva de referência que existe no mercado para os cargos similares em empresas concorrentes.

Uma importante função da estrutura salarial é permitir, por meio de suas tabelas salariais, que a organização atue em busca do equilíbrio interno de seus colaboradores, distribuindo os cargos e seus respectivos salários em uma escala mais justa e equitativa. Da mesma forma, ela também promove o equilíbrio externo ao apresentar relações com as respectivas faixas salariais utilizadas por empresas concorrentes.

Considere a seguinte situação: você foi contratado para ocupar um cargo de supervisor comercial na empresa Delta. Ao assumir o cargo, você percebe que essa empresa pratica em sua estrutura salarial, para os cargos no mesmo nível (grau) que o seu, valores abaixo daqueles que são pagos no mercado. Provavelmente, isso irá causar um certo mal-estar e abalar sua motivação no primeiro momento, não é mesmo? Essa sensação poderá ser amenizada pela adoção de medidas compensatórias pela organização, como a implementação de incentivos na sua remuneração. Porém, você deve perceber que a estrutura salarial normalmente se alia à estratégia da empresa e envolve decisões sobre como esta irá se portar perante o mercado. Além disso, indica como a empresa entende que deve valorizar objetivamente o trabalho executado pelos seus colaboradores no cotidiano.

Na Figura 6, você pode visualizar essa questão estratégica com maior facilidade ao analisar as estruturas salariais representadas.

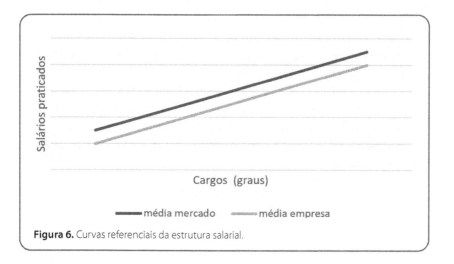

**Figura 6.** Curvas referenciais da estrutura salarial.

Como você pode perceber na Figura 6, a organização em questão optou por possuir uma estrutura salarial que se mantém abaixo da média salarial praticada no mercado para os graus analisados. A adoção dessa postura não significa, porém, que a empresa seja desinteressante aos colaboradores. Afinal, "A curva salarial pode situar-se abaixo do mercado e, no entanto, a remuneração total pode ser muito atraente em função do pacote de benefícios oferecidos ou da remuneração variável, como comissões, bônus e participação nos lucros da empresa" (PONTES, 2011, p. 288).

A estrutura salarial, por meio da disponibilidade dos salários existentes nos diversos grupos ocupacionais ou classes de salário (graus), permite que o gestor de pessoas tome decisões importantes relativas à contratação e à ascensão profissional dos colaboradores. Suponha que uma empresa adote uma estrutura salarial que faça com que o colaborador, ao entrar na empresa, ocupe uma posição salarial inferior à da curva de referência do mercado ou muito próxima a ela. Ao analisar o plano de cargos e salários da organização, o colaborador, contudo, vai perceber que essa situação poderá se modificar se ele progredir de cargo, ocupando novo patamar salarial e até mesmo atingindo nova faixa com a promoção. Esse colaborador também vai visualizar que, ao ocupar nova posição ainda dentro da mesma classe em que seu quadro está situado, poderá receber algum novo benefício que não possuía anteriormente.

Considere o exemplo de um supervisor operacional II que é promovido a supervisor operacional I. Devido ao novo cargo, ele recebe uma área maior sob sua responsabilidade e a exigência de visitas diárias aos seus clientes na região metropolitana. Para que possa executar bem essas novas atribuições, a empresa lhe disponibiliza um automóvel novo, oferecendo a ele a possibilidade de se deslocar até sua residência, o que não existia anteriormente. Esse benefício extra deve fazer parte da estrutura salarial para que seja colocado em prática pela organização.

Enfim, a estrutura salarial é um instrumento muito eficaz para a empresa otimizar e profissionalizar processos que repercutem em aumentos salariais inerentes às modificações de cargos dos colaboradores ao ascenderem profissionalmente. Como você viu, ela procura estabelecer os salários de forma objetiva e sistemática.

## Link

Para aprender mais sobre a estrutura salarial e seu impacto nos aspectos comportamentais dentro das organizações, leia o artigo de Lindolfo Galvão de Albuquerque disponível no link a seguir. Nesse texto, intitulado "Características da estrutura salarial e aspectos comportamentais em estruturas de P&D", o autor apresenta sua pesquisa realizada em 12 organizações empresariais de médio e grande porte. Acesse:

https://goo.gl/NLPjeX

## Referências

GIL, A. C. *Gestão de pessoas:* enfoque nos papéis profissionais. São Paulo: Atlas, 2001.

PONTES, B. R. *Administração de cargos e salários:* carreira e remuneração. 15. ed. São Paulo: LTR, 2011.

## Leituras recomendadas

ALBUQUERQUE, L. G. Características da estrutura salarial e aspectos comportamentais em instituições de P & D: relato de uma pesquisa. *Revista de Administração de Empresas*, v. 24, n. 4, p. 52-62, 1984. Disponível em: <http://www.scielo.br/scielo.php?script=sci_arttext&pid=S0034-75901984000400011&lng=en&nrm=iso>. Acesso em: 31 mar. 2018.

ARBACHE, J. S.; CORSEUIL, C. H. Liberalização comercial e estruturas de emprego e salário. *Revista Brasileira de Economia*, v. 58, n. 4, p. 485-505, 2004. Disponível em: <http://www.scielo.br/scielo.php?pid=S0034-71402004000400002&script=sci_arttext>. Acesso em: 31 mar. 2018.

CONSIDERA, C. M. Estrutura e evolução dos lucros e dos salários na indústria de transformação. *Pesquisa & Planejamento Econômico*, v. 10, n. 1, p. 71-122, 1980. Disponível em: <http://ppe.ipea.gov.br/index.php/ppe/article/view/493>. Acesso em: 31 mar. 2018.

MACEDO, R. Diferenciais de salários entre empresas privadas e estatais no Brasil. *Revista Brasileira de Economia*, v. 39, n. 4, p. 437-448, 1985. Disponível em: <http://bibliotecadigital.fgv.br/ojs/index.php/rbe/article/viewFile/353/7763>. Acesso em: 31 mar. 2018.

# Avaliação dos cargos

## Objetivos de aprendizagem

Ao final deste texto, você deve apresentar os seguintes aprendizados:

- Analisar os cargos de determinada empresa e organizá-los em ordem de importância.
- Reconhecer as metodologias que auxiliam na avaliação dos cargos.
- Identificar a importância da avaliação de cargos e salários no plano de remuneração funcional.

## Introdução

A avaliação dos cargos tem o objetivo de estabelecer o valor referente a cada cargo. Pelo processo de avaliação, os cargos são explorados e comparados com o intuito de serem hierarquizados. Assim, além de ordená-los, é possível estabelecer a estrutura salarial, que determina os salários a serem pagos.

Neste capítulo, você vai estudar, além da hierarquização dos cargos, as metodologias que auxiliam na avaliação deles. Você ainda vai ver a importância da avaliação no plano de cargos e salários.

## Avaliação de cargos e salários: primeiros passos

A avaliação de cargos e salários é uma parte importante da administração de cargos e salários e será decisiva para a construção de uma estrutura salarial eficiente. Como você sabe, uma estrutura adequada pode contribuir tanto para o equilíbrio interno (cargos e salários dos colaboradores da organização) quanto para o equilíbrio externo (cargos e salários praticados no mercado de trabalho). É na avaliação de cargos e salários que será construída uma escala, um ranking, um ordenamento dos cargos e salários por ordem de importância para a organização. Para que os cargos possam ser escalonados, deverão passar por um processo de comparação e análise que os posicione hierarquicamente.

Além dessa construção de uma escala de importância e da determinação do valor relativo de cada cargo para a organização, a avaliação de cargos

"[...] neutraliza o efeito de decisões arbitrárias para a determinação dos salários" (PONTES, 2011, p. 169). Ou seja, já se encontrará objetivamente estabelecido na estrutura salarial adotada pela empresa, por exemplo, que, comparativamente ao supervisor, o gerente deverá ter um salário maior e determinados benefícios relacionados ao cargo que ocupa. Essa hierarquia e o estabelecimento de salários e incentivos são realizados com a avaliação de todos os cargos existentes em determinado estabelecimento. Dessa forma, segundo Pontes (2011), não existem maneiras de fazer com que alguém, por quaisquer outros motivos de natureza pessoal, receba um salário maior que não seja condizente com o determinado pela avaliação de cargos.

Para que a avaliação de cargos possa ser realizada de forma eficiente, é importante que a organização constitua um comitê de avaliação de cargos. Na Figura 1, você vê os integrantes que podem formar esse comitê.

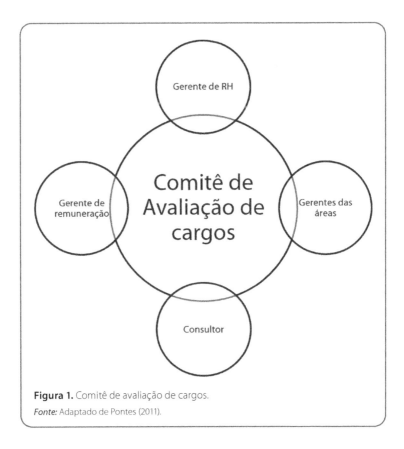

**Figura 1.** Comitê de avaliação de cargos.
*Fonte:* Adaptado de Pontes (2011).

Como você pode perceber na Figura 1, é necessário que o comitê inclua os gerentes das áreas em que os cargos se situam, bem como os gestores de pessoas que atuam diretamente no *staff* relacionado com a questão da remuneração e da construção/implantação do plano de cargos e salários da organização. Para que o comitê realize o seu trabalho de forma produtiva e organizada, cabe ao coordenador enviar com antecedência os materiais que irão facilitar o trabalho dos membros, que são as cópias das descrições dos cargos e os manuais de avaliação elaborados para essa finalidade. As reuniões serão realizadas para discutir os resultados das avaliações realizadas pelos membros do comitê em busca de um consenso ou voto da maioria.

A primeira etapa da avaliação de cargos é o estabelecimento dos cargos-chave a serem avaliados. São extraídos normalmente 20% dos cargos que compõem determinado grupo ocupacional ou classe. Esses cargos passam, então, pelo processo de avaliação, que servirá de base para a construção de parâmetros para a avaliação dos demais. Devido à sua importância para o processo de avaliação, segundo Pontes (2011), esses cargos-chave devem apresentar as seguintes características: representar toda a estrutura do plano, representar todas as áreas da empresa e possuir um número significativo de estudantes.

Existem alguns métodos tradicionais que podem ser utilizados para que a avaliação de cargos seja realizada, constituindo-se em métodos quantitativos e não quantitativos. Observe o Quadro 1.

**Quadro 1.** Métodos não quantitativos e quantitativos.

| Métodos não quantitativos | Métodos quantitativos |
|---|---|
| Escalonamento | Pontos |
| Graus predeterminados | Comparação de fatores |

Dessa forma, colocar os cargos e seus respectivos salários numa ordem de importância significa utilizar um método de escalonamento simples, que é considerado o mais fácil e que permite uma elaboração rápida. Para que você entenda como funciona esse escalonamento simples, considere que o comitê de avaliação elegeu como cargos-chave para serem avaliados os cargos de motorista, recepcionista, assistente de recursos humanos (RH), supervisor operacional e operador de máquinas I. Ao receberem as descrições desses cargos, com suas devidas especificações, os membros do comitê já terão condições de perceber a complexidade existente para o ocupante do cargo em termos das competências exigidas (aqui considerados os requisitos mentais/ intelectuais e físicos), bem como das responsabilidades envolvidas. A partir daí, o manual de avaliação dos cargos em questão irá apresentar uma tabela em que o avaliador pode colocar os cargos em ordem de importância, de acordo com o seu entendimento. As avaliações de todos os membros do comitê irão produzir um escalonamento como o apresentado no Quadro 2, a seguir.

**Quadro 2.** Escalonamento de cargos.

| Escalonamento (graus) | Escalonamento | | | |
|:---:|:---:|:---:|:---:|:---:|
| | **Avaliador A** | **Avaliador B** | **Avaliador C** | **Consenso do comitê** |
| 1 | Supervisor operacional | Operador I | Supervisor operacional | Supervisor operacional |
| 2 | Motorista | Supervisor operacional | Operador I | Operador I |
| 3 | Operador I | Assistente de RH | Assistente de RH | Assistente de RH |
| 4 | Assistente de RH | Recepcionista | Motorista | Motorista |
| 5 | Recepcionista | Motorista | Recepcionista | Recepcionista |

Após as avaliações realizadas pelos três avaliadores e a discussão buscando um consenso, ficou estabelecido que a escala de importância dos cargos em questão seguirá a seguinte sequência (em ordem decrescente de valores salariais): supervisor operacional, operador de máquinas I, assistente de recursos humanos, motorista e recepcionista. Esse escalonamento vai permitir que a estrutura salarial respeite em termos de valores pagos e incentivos o que foi estipulado pela avaliação. Dessa forma, o salário e os benefícios desembolsados para o cargo de assistente de recursos humanos, por exemplo, não poderão ser inferiores aos do cargo de motorista, pois aquele se encontra em posição superior no ranking escalonado (Figura 2).

**Figura 2.** Avaliação de cargos e salários: ranqueamento e construção de hierarquia.
*Fonte:* maimu/Shutterstock.com.

### Fique atento

Outro método utilizado para a avaliação de cargos e salários é a **curva de maturidade**, que consiste em avaliar como os indivíduos desenvolvem-se durante o decorrer de suas carreiras na área em que atuam. Em outras palavras, a maturidade é considerada o número de anos que a pessoa possui de experiência profissional após a sua graduação. Dessa forma, o salário será atribuído, nesse método, em função do tempo que o ocupante do cargo possui de experiência e do desempenho profissional que apresenta.

## Metodologias de avaliação de cargos e salários

Você viu anteriormente que existem alguns métodos para que a avaliação de cargos se realize de forma eficiente, entre eles os quantitativos e os não quantitativos. Você já conhece um exemplo da primeira categoria, o método de escalonamento. Ele é considerado o mais simples e de rápida elaboração, desenvolvido a partir da construção de uma escala de valor subjetivo a respeito dos cargos que se pretendem avaliar. Agora você vai conhecer os demais métodos que podem ser aplicados na avaliação de cargos e salários.

Outro método não quantitativo é o **método de graus predeterminados**. De acordo com Pontes (2011), esse método consiste em construir uma régua de avaliação para comparar as características de complexidade e as dificuldades impostas para cada cargo de determinada classe ou grupo ocupacional. Após, os cargos são avaliados em relação a esses graus e recebem a devida classificação. É aconselhado utilizar de cinco a 10 graus para cada um dos planos que envolvem o cargo. Observe o Quadro 3, que exemplifica a aplicação do método de graus predeterminados para cargos de natureza administrativa: auxiliar administrativo, auxiliar de faturamento e auxiliar de contabilidade.

**Quadro 3.** Definição dos graus predeterminados.

| Plano administrativo | |
|---|---|
| **Grau I** | ▪ Tarefas repetitivas e que não apresentam dificuldades para o funcionário. <br>▪ As responsabilidades são pequenas. <br>▪ Recebe supervisão constante, instruções detalhadas e acompanhamento na execução das tarefas. <br>▪ Não é exigida experiência anterior. |
| **Grau II** | ▪ Tarefas rotineiras executadas com base em procedimentos bem definidos. <br>▪ Requer familiarização com serviços burocráticos e equipamentos de escritório. <br>▪ Recebe supervisão direta, instruções detalhadas e orientação. <br>▪ É exigida experiência de aproximadamente seis meses. |
| **Grau III** | ▪ Tarefas variadas, porém rotineiras que envolvem a aplicação de procedimentos padronizados, observados os limites estabelecidos pelas normas internas. <br>▪ Recebe supervisão direta e acompanhamento na execução das tarefas mais difíceis. <br>▪ As tarefas são conferidas ao seu final. <br>▪ É exigida experiência de um a dois anos. |

*Fonte:* Adaptado de Pontes (2011).

A partir da definição prévia dos graus, os cargos deverão ser avaliados determinando como as atividades inerentes a eles se enquadram nos respectivos graus. Então, devem ser posicionados em ordem de importância. A avaliação dos cargos, nesse método, seria realizada como mostra o Quadro 4.

**Quadro 4.** Enquadramento dos cargos nos graus.

| Cargo | Enquadramento dos cargos nos graus predeterminados | | | |
|---|---|---|---|---|
| | Avaliador A | Avaliador B | Avaliador C | Consenso do comitê |
| Auxiliar administrativo | I | I | I | I |
| Auxiliar de faturamento | II | III | II | II |
| Auxiliar de contabilidade | III | II | III | III |

*Fonte:* Adaptado de Pontes (2011).

Como você pode perceber na coluna final do Quadro 4, o consenso dos avaliadores determina que o cargo de menor complexidade e, no caso, com posicionamento inferior é o cargo de auxiliar administrativo, seguido pelo de auxiliar de faturamento. O primeiro colocado na ordem de importância é o auxiliar de contabilidade.

## Métodos quantitativos de avaliação de cargos

Existem alguns métodos quantitativos que costumam ser utilizados para a avaliação dos cargos de forma mais precisa e exata. Você vai aprender agora sobre o mais utilizado desses métodos, que é o **método de avaliação por pontos**.

O método de avaliação por pontos consiste em atribuir uma pontuação aos cargos, de acordo com fatores previamente estabelecidos que são descritos e apresentam uma graduação em ordem de dificuldade crescente. Esses fatores devem ser comuns à maioria dos cargos dos grupos ocupacionais que serão avaliados. Ao final da avaliação, se somam os pontos de cada métrica desses fatores e o cargo recebe a sua pontuação final, que irá propor a hierarquia dos cargos no interior da organização.

Esse método deve seguir alguns passos, como você pode ver na Figura 3.

**Figura 3.** Passos para a execução do método de avaliação por pontos.
*Fonte:* Adaptado de Pontes (2011).

Para entender esse método de avaliação de cargos por pontos, considere como exemplo alguns cargos-chave relativos ao grupo ocupacional administrativo ou gerencial de uma empresa. Os cargos avaliados serão: auditor sênior, auditor pleno, técnico de contabilidade sênior, comprador, técnico de contabilidade, analista de cargos pleno, analista de cargos júnior, auxiliar de pessoal e auxiliar administrativo. Como fator de avaliação, será utilizada a experiência requerida para os cargos. Dessa forma, os cargos-chave primeiramente serão escalonados dentro do enquadramento do tempo de experiência exigido, para posterior pontuação a partir da escala de pontos de cada um dos graus existentes na empresa. Veja o Quadro 5, a seguir.

**Quadro 5.** Escalonamento dos cargos com base na experiência.

| Escalonamento dos cargos-chave no fator experiência | | Definição e graduação do fator experiência | | Somatório de pontos do fator |
|---|---|---|---|---|
| Escalonamento | Cargo/experiência | Grau | Descrição | |
| 6 | Auditor sênior (6 anos) | F | Acima de 5 anos | 161 |
| 5 | Auditor pleno (4 anos) Técnico de contabilidade sênior (4 anos) | E | De 3 a 5 anos | 133 |
| 4 | Comprador (2 anos) Técnico de contabilidade (2 anos) Analista de cargos pleno (2 anos) | D | De 1 a 3 anos | 106 |
| 3 | Analista de cargos júnior (1 ano) | C | De 6 meses a 1 ano | 78 |
| 2 | Auxiliar de pessoal (6 meses) | B | De 3 a 6 meses | 51 |
| 1 | Auxiliar administrativo (3 meses) | A | Até 3 meses | 23 |

*Fonte:* Adaptado de Pontes (2011).

Para que o avaliador pudesse saber quanto pontos deveria atribuir para cada cargo em relação ao fator avaliado no exemplo (a experiência), ele recebeu em seu manual de avaliação dos cargos uma tabela com a descrição dos graus e sua respectiva pontuação, como você pode ver no Quadro 6.

**Quadro 6.** Graus e respectiva pontuação.

| Fator avaliado: experiência | | |
|---|---|---|
| Graus | Descrição | Pontos |
| F | Acima de 5 anos | 161 |
| E | De 3 a 5 anos | 133 |
| D | De 1 a 3 anos | 106 |
| C | De 6 meses a 1 ano | 78 |
| B | De 3 a 6 meses | 51 |
| A | Até 3 meses | 23 |

*Fonte:* Adaptado de Pontes (2011).

Como você pode perceber, a avaliação por pontos permite que os avaliadores construam um somatório de pontos para cada fator a ser avaliado. Isso garante uma avaliação menos subjetiva e mais precisa, seguindo a escala de pontuação previamente construída que norteia o processo. Cabe aos avaliadores enquadrar os cargos nesses quesitos e, partindo das tabelas com as legendas dos graus e suas pontuações, lançar os pontos correspondentes. Ao final da avaliação de todos os fatores, o cargo com pontuação maior é o hierarquicamente superior e ocupará o topo da hierarquia de cargos da organização.

## A avaliação de cargos e salários e o plano de remuneração funcional

A avaliação de cargos e salários se relaciona diretamente com o plano de remuneração funcional, mais conhecido como plano de cargos e salários. Afinal, é a partir da avaliação dos cargos e do seu escalonamento ou hierarquização por ordem de complexidade e importância que será possível construir a estrutura salarial da empresa. Por sua vez, a estrutura salarial "É a organização de uma progressão salarial em função da crescente valorização dos cargos resultante do processo de avaliação" (PONTES, 2011, p. 285).

Como saber quanto deve ser pago para um cargo em relação aos demais dentro da organização? Ou ainda: como estabelecer um valor relativo que remunere adequadamente o colaborador pela realização de suas tarefas e que seja justo e equitativo com relação a todos os demais cargos da organização? Essas perguntas são respondidas a partir da adoção de um método de avaliação dos cargos e salários, que poderá fornecer o ranqueamento dos cargos e estabelecer sua hierarquia de importância e de valores.

Você pode considerar que, após todos os esforços de análise dos cargos, com as descrições e especificações devidas, é essencial que se realize a avaliação desses cargos. Dessa forma, é possível construir o escalonamento dos cargos da organização. A partir dessa avaliação, também poderão ser comparados os cargos avaliados com os cargos similares existentes nas empresas concorrentes, o que é feito por meio da pesquisa salarial.

Você deve notar que "As fases de avaliação de cargos e de pesquisa salarial podem ser realizadas simultaneamente, uma vez que para a ponderação dos fatores dos manuais de avaliação serão necessários dados da pesquisa salarial" (PONTES, 2011, p. 324). Imagine que o fator a ser avaliado no cargo seja relativo às condições de trabalho. Nesse caso, na construção do manual de avaliação, também poderá ser considerado o que foi observado nas empresas que participaram da pesquisa salarial, ou seja, é possível confrontar dados.

A avaliação de cargos e salários proporciona que o plano de remuneração funcional atue na manutenção da satisfação dos colaboradores. Eles poderão conhecer o posicionamento de seus cargos em relação aos demais e perceber como foram calculados, avaliados e ranqueados seguindo critérios sérios previamente estabelecidos. Dessa forma, o ocupante de um cargo qualquer não poderá receber um salário somado de benefícios e incentivos considerados exorbitantes ou além do estabelecido, como se produzissem um certo favorecimento. É importante você atentar à ideia de que a avaliação de cargos dentro do plano de cargos e salários, ao minimizar a arbitrariedade, é um importante instrumento para que se persiga a ética na distribuição equitativa dos valores a serem pagos a todos na organização.

Para que você possa entender mais precisamente a importância da avaliação dos cargos na implantação ou na manutenção do plano de cargos e salários de uma organização, deve considerar os fatores que afetam a composição dos salários. Como você viu, os salários são influenciados por condições ambientais internas e externas, conforme a Figura 4.

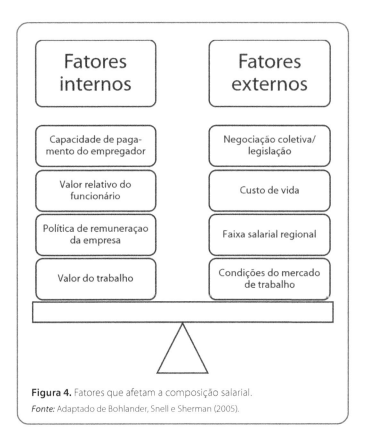

**Figura 4.** Fatores que afetam a composição salarial.
*Fonte:* Adaptado de Bohlander, Snell e Sherman (2005).

Como você pode ver na Figura 4, existem itens específicos que afetam a composição salarial, representados nas ações realizadas na avaliação dos cargos e salários. Entre eles está o valor relativo do trabalho, ou seja, a possibilidade de quantificação em termos monetários do que deverá ser o valor justo a ser pago ao colaborador pelo que lhe é exigido e pelo que ele realiza no interior da organização por meio do cargo que ocupa. O valor relativo do trabalho é o valor que se refere a determinado cargo. Nesse caso, convém reforçar que o processo de avaliação de cargos "Trata-se de um processo sistemático para determinar o valor relativo dos cargos e estabelecer aqueles que devem receber remuneração maior que outros dentro da empresa" (BOHLANDER; SNELL; SHERMAN, 2005, p. 261). Dessa forma, segundo os autores, a avaliação de cargos promove a equidade interna entre os vários cargos que a organização possui.

Outro ponto importante é o valor relativo do funcionário para a organização, uma vez que este costuma associar o valor que possui ao que a empresa lhe oferece em termos de remuneração (salários mais incentivos ou benefícios). Ao realizar as comparações entre os cargos e suas hierarquias propostas pela empresa, os colaboradores poderão, além de perceber formas de ascensão, se sentir valorizados e recompensados pelo investimento na sua qualificação e na busca pelo seu aperfeiçoamento. Esse sentimento pode produzir motivação e estimular um bom clima organizacional.

Por fim, a importância da avaliação de cargos está relacionada não somente com a implantação do plano de cargos e salários, mas também com outras finalidades importantes para a organização. Uma avaliação de cargos e salários permite o controle mais eficiente dos custos com pessoal. Além disso, serve de instrumento junto às negociações sindicais para revisão dos salários da organização, quando necessário. A avaliação dos cargos e salários também repercute em outras práticas de gestão de pessoas, como na integração, no treinamento e na seleção de pessoal.

Ao estabelecer uma escala de valores para cada cargo e uma hierarquia dos cargos, esse plano também poderá proporcionar melhoria nas relações entre os gestores e colaboradores das organizações. As vantagens de investir na avaliação de cargos e salários são muitas. Isso faz com que, cada vez mais, as empresas que adotam o sistema de pagamentos tradicional por funções implantem com eficiência seus planos de cargos e salários. Como você deve imaginar, essas empresas buscam seu equilíbrio interno e externo relacionado aos aspectos salariais.

**Link**

Assista à animação *Entendendo a Avaliação de Cargos*, de Oswaldo Chiarini, e veja de forma concisa e divertida como essa ferramenta é importante para a implantação de um plano de cargos e salários. Você encontra a animação no link a seguir:

https://goo.gl/He9YQ3

## Referências

BOHLANDER, G. W.; SNELL, S.; SHERMAN, A. *Administração de recursos humanos*. São Paulo: Thomson, 2005.

PONTES, B. R. *Administração de cargos e salários:* carreira e remuneração. 15. ed. São Paulo: LTR, 2011.

## Leituras recomendadas

ALVES, E. F. Programas e ações em qualidade de vida no trabalho. *InterfacEHS:* Revista de Saúde, Meio Ambiente e Sustentabilidade, v. 6, n.1, p. 60-78, 2011. Disponível em: <https://www.ssoar.info/ssoar/handle/document/34135>. Acesso em: 4 abr. 2018.

CHIAVENATO, I. *Gestão de pessoas:* o novo papel dos recursos humanos nas organizações. 3. ed. Rio de Janeiro: Elsevier, 2010.

OLIVEIRA, L. M. B. Estratégias e práticas de remuneração utilizadas pelas empresas Brasileiras. *Organizações & Sociedade*, v.8, n. 21, 2001. Disponível em: <http://www.scielo.br/scielo.php?pid=S1984-92302001000200006&script=sci_arttext>. Acesso em: 4 abr. 2018.

SERSON, J. Avaliação de cargos. *Revista de Administração de Empresas*, v. 11, n. 4, p. 99-100, 1971. Disponível em: <http://bibliotecadigital.fgv.br/ojs/index.php/rae/article/viewFile/40407/39131>. Acesso em: 4 abr. 2018.

# Plano de incentivo individual e coletivo

## Objetivos de aprendizagem

Ao final deste texto, você deve apresentar os seguintes aprendizados:

- Reconhecer os diferentes planos de incentivos.
- Analisar o momento da organização e escolher o melhor plano de incentivo para implantar.
- Identificar os impactos positivos e negativos dos planos de incentivos.

## Introdução

Os planos de incentivos consistem em incentivos e benefícios agregados ao salário do colaborador para que ele se sinta motivado e satisfeito. Existem diversos planos de incentivos. Os planos individuais proporcionam rendimentos adicionais além do salário-base do funcionário e são pagos quando são atingidas as metas individuais específicas para o seu desempenho. Os planos coletivos são focados nas equipes e vinculados ao desempenho delas e às metas estratégicas preestabelecidas.

Neste capítulo, você vai estudar os planos de incentivos individual e coletivo.

## Os planos de incentivos

O primeiro aspecto que você deve considerar sobre os planos de incentivos é que o seu surgimento se relaciona à remuneração estratégica dos colaboradores dentro das organizações. Ou seja, está em jogo a preocupação de fazer com que o pagamento leve o trabalhador a demonstrar o máximo desempenho ou produtividade nas funções relativas ao seu cargo. Um plano de incentivo propõe que se realize um pagamento variável. Assim, de acordo com o desempenho de um indivíduo ou de uma equipe, estes passam a receber um valor diferenciado, a título de incentivo pela sua atuação.

Segundo Bohlander, Snell e Sherman (2005), historicamente os planos de incentivos têm sido implantados pelos mais diversos motivos. Entre eles, altos custos de mão de obra, mercados de produtos competitivos, lentos avanços tecnológicos e alto potencial para estrangulamentos na produção. Porém, na atualidade, destaca-se como argumento central para a aplicação de um plano de incentivos a associação entre os objetivos da remuneração e os objetivos da empresa.

Dessa forma, você pode considerar que os planos de incentivos na atualidade são implementados de forma estratégica, de acordo com a Figura 1.

**Figura 1.** Esquema de implementação de planos de incentivos.

Os incentivos "[...] destinam-se a estimular os funcionários a empregar mais esforço para completar suas tarefas no cargo — esforço que eles podem não ser motivados a empreender nos sistemas de remuneração baseados no tempo de serviço e/ou número de horas trabalhadas" (BOHLANDER; SNELL; SHERMAN, 2005, p. 278).

Os planos de incentivos são divididos em três categorias: os individuais, os coletivos ou de grupo e os de empreendimento. Os planos de incentivos individuais são aqueles que remuneram os colaboradores pelo seu desempenho pessoal nas atividades. Você vai conhecer agora alguns dos planos de incentivos individuais:

- trabalho por produção;
- plano por tempo padrão;
- bônus;
- pagamento por mérito;

- incentivo em vendas;
- curva de maturidade;
- remuneração de executivos.

O plano de incentivos individual mais antigo é o que relaciona o trabalho por produção ou por peça. Nesse caso, os operários recebem certa quantia por unidade produzida e sua remuneração seria o somatório dessas unidades produzidas no período correspondente. Para que seja possível colocar esse plano de incentivos em prática, porém, é necessário esclarecer alguns pontos. Dessa forma, você deve considerar que o trabalhador tem um salário fixo e que, ainda assim, poderá estar concorrendo ao bônus ofertado pelo plano de incentivos da organização sempre que sua taxa de produção for superior, ou seja, exceder a produção padrão existente na indústria para o seu setor. Essa diferença será paga a título de recompensa pelos seus esforços individuais, maiores se comparados aos dos demais membros do grupo.

Existem ainda outras formas de incentivos oferecidos nos planos. O plano de tempo padrão, por exemplo, irá pagar ao colaborador um valor baseado no tempo predeterminado como padrão para que se conclua a tarefa. Toda vez que o colaborador realizar a atividade em tempo menor do que o padrão, tem direito à recompensa. O bônus constitui-se em um pagamento realizado ao funcionário ao final do ano e que não se incorpora no seu salário-base. Assim, pode ser entendido como um "extra" pelo esforço a mais que o funcionário demonstrou. O pagamento por mérito envolve o estabelecimento de critérios objetivos que farão com que, atingidos determinados patamares de desempenho, o colaborador tenha um aumento de sua remuneração.

Os incentivos na área comercial relacionada às vendas costumam ser muito usuais devido à própria natureza competitiva do setor. Para que se ofereça um incentivo em vendas que motive os vendedores, deve-se considerar que essa área é muito suscetível às tranformações do ambiente externo, como alterações na economia, mudanças nas demandas dos clientes, sazonalidade de produtos, entre outros fatores. Os incentivos nessa área normalmente se aliam ao uso de comissões que são acrescidas ao salário estipulado, constituindo um plano de salários e comissões.

Os incentivos por curva de maturidade propõem o estabelecimento de incentivos aos colaboradores pela análise de seu desempenho *versus* os anos de experiência que possuem desde sua graduação. Essa modalidade é muito aplicada a especialistas que não optaram por seguir carreira executiva (ou de gestores). Assim, esses especialistas podem receber incentivos, ações ou participação nos lucros, ou ainda bonificações em dinheiro por entrega de projetos antes do prazo.

A remuneração de executivos visa ao atendimento das metas organizacionais e das necessidades dos profissionais. Esses incentivos podem ser ofertados por meio da visualização do resultado alavancado pelo executivo no curto ou longo prazo. Além disso, normalmente envolvem, além do salário-base, as bonificações a curto prazo, a compra de ações da empresa e a participação nos lucros.

Os planos de incentivos de grupo "[...] permitem aos funcionários compartilhar os benefícios da melhoria da eficiência obtida pelas principais unidades da empresa ou por várias equipes de trabalho individuais" (BOHLANDER; SNELL; SHERMAN, 2005, p. 294). Dessa forma, acabam por incentivar a colaboração entre todos para que se alcancem os objetivos organizacionais. São muito apropriados em condições de trabalho que apresentem dificuldades de mensuração dos resultados de forma objetiva.

Existem ainda os planos de incentivos de empreendimento que trazem consigo a lógica de serem extensíveis a todos os membros da organização como recompensa pelos seus esforços em busca do atingimento das metas que refletem no sucesso organizacional. Esses planos envolvem a participação nos lucros da organização e a opção de compra de ações pelos funcionários. Essas ações podem ser inclusive deduzidas da folha de pagamento, caso o colaborador (agora também acionista) assim o desejar.

Como você pode perceber, existem inúmeras maneiras de a organização construir seu plano de incentivos aos colaboradores, de forma individual ou coletiva, sempre com o objetivo de proporcionar que os funcionários sejam recompensados pelo seu desempenho. A ideia por trás disso, como você viu, é aumentar os níveis de comprometimento e motivação dos colaboradores com seus cargos e com a própria empresa. Assim, um plano de incentivos pode fazer com que os indivíduos ou os grupos saiam de sua zona de conforto e busquem novas maneiras de tornarem-se mais eficientes e produtivos dentro das empresas.

**Fique atento**

De acordo com Chiavenato (2010), as organizações costumam executar um maior número de ações negativas, como repreensões ou punições, do que recompensar em suas atividades cotidianas. Essa situação pode ser alterada por meio de um plano de incentivos. Com ele, as organizações estarão atuando com ações positivas que visam a incentivar e motivar o desempenho de seus colaboradores.

## Como escolher um plano de incentivos

Para que seja colocado em prática um plano de incentivos que realmente contribua com o alcance dos objetivos organizacionais, são necessários alguns estudos. Por meio deles, é possível verificar qual plano é viável e mais adequado à realidade organizacional.

O primeiro ponto que você deve considerar é que, para que o plano de incentivos obtenha êxito, os colaboradores da empresa devem sentir o desejo de que ele seja implantado, uma vez que perceberão a ligação direta entre o que poderão receber e o seu desempenho. Logo, se a organização não possui um bom sistema de comunicação com seus colaboradores e se estes apresentam algum tipo de resistência ou desmotivação crônica com suas tarefas, isso precisará ser corrigido, pois afeta a implantação do plano de incentivos. Nesse caso, o envolvimento da direção e da gerência na divulgação do plano é essencial para que os colaboradores se convençam de sua aplicabilidade e dos retornos que poderão receber.

Chiavenato (2010) aponta como fundamental para as organizações o cuidado com a balança dos incentivos e contribuições. Essa balança nada mais é do que a relação de intercâmbio que deve haver entre os colaboradores e a organização. Ou seja, as pessoas realizam seus investimentos pessoais na organização por meio do bom cumprimento de suas tarefas e da execução de suas atividades e em contrapartida esperam retornos em forma de recompensas ou incentivos. Já as organizações, ao ofertarem tais incentivos ou recompensas, também esperam com isso receber melhores retornos de desempenho das pessoas.

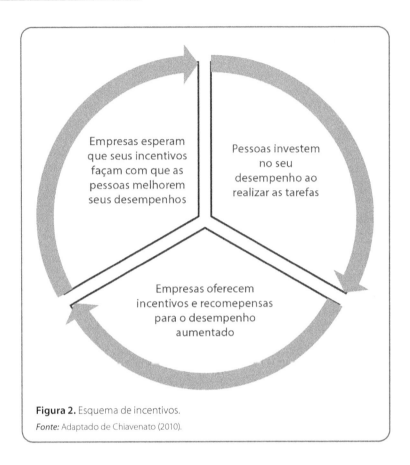

**Figura 2.** Esquema de incentivos.
*Fonte:* Adaptado de Chiavenato (2010).

Dessa forma, quando essa relação de intercâmbio não é muito clara no interior da organização, o ideal seria a implantação de planos de incentivos individuais em um primeiro momento. O objetivo disso é contagiar a todos com a percepção das recompensas recebidas pela melhoria do desempenho dos colegas que se destacaram no período.

Uma organização deve ponderar a respeito da implantação de um plano de incentivos, uma vez que, de acordo com Chiavenato (2010), ele é interessante em alguns aspectos bem específicos, como:

- as unidades de resultado podem ser facilmente medidas para que se realizem os desembolsos dos incentivos;
- existe uma relação clara entre os esforços dos colaboradores e o retorno financeiro;

- existe padronização nos cargos que apresentam um fluxo de trabalho regular, o que permite medições rápidas e eficiente dos resultados;
- a qualidade tem importância menor do que a quantidade, ou a qualidade pode ser facilmente medida;
- as unidades de custos da organização são precisas e conhecidas para que a competitividade possa ser acompanhada.

Como você pode verificar, um programa de incentivos deve ser implantado em uma organização que apresente um formato específico em seus processos operacionais. É preciso organizar muito bem os critérios de medição do desempenho e viabilizar as conferências dos resultados alcançados para não incorrer em injustiças. Além disso, é necessário cuidado para que os incentivos não acabem por exercer um caráter punitivo em vez de recompensar.

Você pode constatar que as organizações que atuam no setor industrial, desde que bem atendidas as situações que você viu anteriormente, podem aplicar nos seus processos operacionais incentivos individuais. Esses incentivos farão com que os colaboradores obtenham um incremento em sua produtividade e alavanquem a produção do setor. Porém, quando nesse mesmo setor industrial as ações são realizadas em células de produção, por exemplo, o mais indicado seria o estabelecimento de incentivos coletivos que pudessem recompensar o desempenho conquistado pelo grupo ou pela equipe.

A escolha de um plano de incentivos individual ou coletivo parte do conhecimento da organização e da percepção de como as relações de troca ocorrem a partir das interações entre os colaboradores. Também se relaciona à visão sistêmica de quanto um está implicado no que o outro realiza, ou seja, do quanto o colaborador depende dos demais colegas de trabalho para conquistar ou atingir uma meta.

É importante você perceber que, ao optar por um plano de incentivos individual, a empresa pode acabar premiando sempre os mesmos colaboradores. Assim, eles serão vistos como aqueles que atingiram o sucesso em detrimento dos demais "fracassados", o que pode ser muito negativo, abalando a motivação dos funcionários e o clima organizacional.

Já um plano de incentivos coletivo, com medidas de desempenho construídas de forma eficiente, clara e objetiva, em que todos possam saber e inclusive calcular exatamente os ganhos que poderão adquirir por meio de seu desempenho superior, pode fazer com que exista um reforço no trabalho de equipe e na própria união do grupo. Assim, há um aumento do nível de desempenho e o êxito é compartilhado entre todos.

É importante você notar ainda que a organização, ao optar pela implantação de um programa de incentivos, não deve esquecer-se de que "o pagamento por desempenho não substitui uma boa gerência" (CHIAVENATO, 2010, p. 334). Ou seja, a gestão das atividades continua sendo fundamental, existindo ou não um plano de incentivos.

Existem alguns fatores que impedem o bom desempenho e devem ser encarados pelos gestores para que sejam solucionados a fim de aumentar a produtividade e gerar os resultados esperados pelos colaboradores. São eles: instruções ambíguas, sem clareza e com duplo sentido, seleção inadequada dos ocupantes dos cargos, treinamentos ineficientes e insuficientes, falta de recursos dos mais diversos que interfiram diretamente nas atividades, ausência de liderança nos grupos de trabalho, entre outros. Todos esses fatores inviabilizam um desempenho eficaz e não serão resolvidos com a simples implantação de um plano de incentivos.

**Saiba mais**

Você sabia que o estabelecimento das medidas de desempenho é fundamental para que o plano de incentivos tenha sucesso na organização? Logo, essas medidas devem estar relacionadas diretamente com o objetivo estratégico da organização. Dessa forma, os critérios de desempenho mais utilizados são a produtividade, o controle de custos, a qualidade e a satisfação dos clientes.

## Impactos da implantação dos planos de incentivos

A implantação de um programa de incentivos na organização segue a mesma tendência da implementação de qualquer outro processo no ambiente empresarial, ou seja, tem aspectos positivos e negativos. Os impactos serão observados com maior frequência nos colaboradores que são o objeto das ações do plano. Cabe ao gestor de pessoas conhecer esses possíveis aspectos para que possa decidir sobre como lidar com situações que ocorram com os grupos organizacionais e tomar as decisões necessárias com maior eficácia.

Os aspectos positivos da implantação de um plano de incentivos aliam-se muito à finalidade dele, que seria a melhoria do desempenho e da produtividade por parte dos colaboradores aliada ao retorno da organização em forma de recompensas e premiações ou bônus. Dessa forma, os principais aspectos positivos ou vantagens da implantação de um plano de incentivos são os seguintes:

- focalizam os esforços;
- estimulam o trabalho em equipe;
- envolvem desembolsos variáveis;
- viabilizam pagamento proporcional ao desempenho;
- estimulam a coesão do grupo;
- possibilitam o compartilhamento do sucesso.

Os esforços individuais ou dos grupos de trabalho podem ser canalizados para aquelas áreas em que se faz necessário um desempenho maior e mais eficiente. Ao perceber que existe a possibilidade de receber um retorno ao alcançar aquele objetivo que é o alvo do programa de incentivos, o colaborador poderá sentir-se mais motivado a perseguir um resultado superior.

Outro aspecto vantajoso tem relação com a gestão dos custos dos processos operacionais. Enquanto o salário-base é um custo fixo, que será desembolsado independentemente do rendimento ou da produtividade do colaborador, o incentivo representa um custo variável, somente sendo desembolsado pela organização caso se atinjam as metas ou objetivos estipulados. O pagamento dos incentivos sempre será proporcional ao desempenho demonstrado pelo indivíduo ou pelo grupo organizacional. Logo, se os objetivos não forem atingidos, o pagamento não irá ocorrer.

Os planos de incentivo coletivos incidem sobre a motivação para a melhoria do desempenho das equipes, estimulando-as a alcançar um nível de eficiência maior. Ao perceberem que todos saem ganhando com o resultado de seus esforços, os colaboradores aumentam o seu espírito de equipe.

Outro aspecto interessante dos planos de incentivos, quando aplicados de forma coletiva, é que aqueles que costumam ter sucesso de forma individual têm a oportunidade de compartilhar seus êxitos. Além disso, podem ajudar os demais colegas a melhorarem seu desempenho, estabelecendo um canal de aprendizagem organizacional dos conhecimentos.

Da mesma forma, a implantação do plano de incentivos poderá ocasionar impactos negativos ou trazer desvantagens à organização. Esses aspectos negativos podem ser resumidos assim:

- as mudanças produzidas são temporárias;
- as recompensas também punem;
- há rompimentos nas relações;
- as razões dos problemas podem ser ignoradas;
- a criatividade é abalada;
- o interesse dos colaboradores é afetado.

Quando se diz que as mudanças produzidas pelos incentivos são temporárias, entende-se que o comportamento dos colaboradores ou das equipes somente vai se alterar no momento em que percebem que o incentivo pode ser recebido. O comportamento tende a voltar ao usual caso o plano deixe de ser aplicado.

Outra desvantagem é que as recompensas também podem punir. Nesse sentido, você deve notar que, assim como as punições, os incentivos ofertados também podem operar de forma manipuladora nos colaboradores. Elas podem causar um sentimento de grande frustração ou perda naqueles que não conseguem atingir o desempenho esperado e estabelecido. Dessa forma, o não recebimento de uma recompensa ofertada também exerce o mesmo efeito de uma punição.

Ao aplicar um plano de incentivos individuais, as relações coletivas que existem na organização serão minadas, uma vez que o foco será a busca pelo desempenho e pelas conquistas individuais. Dessa maneira, a competitividade em busca dos tão almejados incentivos acaba propondo atitudes não cooperativas entre os membros da organização.

Outro aspecto que aparece como desvantagem à implantação do plano de incentivos diz respeito ao fato de que, ao estabelecer um sistema de medida do desempenho, os reais motivos do não atingimento de metas podem deixar de ser percebidos. Esses motivos podem ter origem em vários aspectos do processo, que deixam de ser analisados e contribuem diretamente para os resultados das operações. Por exemplo, os funcionários podem estar desqualificados para aquelas tarefas, ou a empresa pode estar comprometendo seu desempenho a longo prazo com tais medidas, entre outros fatores.

Uma vez que os colaboradores estão acostumados a exercerem um comportamento que será recompensado por meio do plano de incentivos, sempre que atingirem os objetivos ou superarem as metas propostas tendem a se acomodar e manter suas formas de trabalhar. Ou seja, a criatividade em busca de melhorias contínuas e excelência naquilo que se faz fica abalada, uma vez que não é mais necessário assumir novos riscos com mudanças de conduta em busca de um desempenho melhor ou mais eficiente.

Os planos de incentivos nunca irão atingir a todos da mesma maneira, pois os colaboradores são muito diferentes e lidam com sua motivação interna de forma diversificada. Aqueles que procuram ter um comportamento que busca sempre a realização de suas tarefas/atividades almejando a excelência poderão sentir-se desinteressados com a contrapartida da recompensa, que os pressiona a atingir resultados. Cabe lembrar que o dinheiro não é um fator motivador para todas as pessoas e existem aquelas que se motivam por razões de outras ordens, como o reconhecimento e a valorização daquilo que fazem.

**Link**

Leia mais sobre planos de incentivos aplicados à indústria na dissertação *Os planos de incentivos e recompensas como fatores de motivação: estudos de caso nas duas maiores empresas do ramo metal-mecânico de Caxias do Sul*, de Sidnei Alberto Fochesatto, disponível no link ou código a seguir.

https://goo.gl/4kYxMZ

## Referências

BOHLANDER, G. W.; SNELL, S.; SHERMAN, A. *Administração de recursos humanos*. São Paulo: Thomson, 2005.

CHIAVENATO, I. *Gestão de pessoas*. 3. ed. Rio de Janeiro: Elsevier, 2010.

## Leituras recomendadas

FOCHESATTO, S. A. *Os planos de incentivos e recompensas como fatores de motivação*: estudos de caso nas duas maiores empresas do ramo metal-mecânico de Caxias do Sul. 2002. Dissertação (Mestrado em Administração) – Escola de Administração, Universidade Federal do Rio Grande do Sul, Porto Alegre, 2002. Disponível em: <http://www.lume.ufrgs.br/handle/10183/3510>. Acesso em: 3 abr. 2018.

KOHN, A. Por que os planos de incentivo não funcionam. *Revista de Administração de Empresas*, v. 35, n. 6, p. 12-19, 1995. Disponível em: <http://www.scielo.br/pdf/rae/v35n6/a03v35n6.pdf>. Acesso em: 2 abr. 2018.

NUNES, A. A.; MARQUES, J. A. V. C. Planos de incentivos baseados em opções de ações: uma exposição das distinções encontradas entre as demonstrações contábeis enviadas à CVM e à SEC. *Revista Contabilidade & Finanças*, v. 16, n. 38, p. 57-73, 2005. Disponível em: <http://www.scielo.br/scielo.php?pid=S1519-70772005000200006&script=sci_arttext&tlng=pt>. Acesso em: 3 abr. 2018.

SHIRLEY, R. Um modelo para análise da mudança organizacional. *Revista de Administração de Empresas*, v. 16, n. 6, p. 37-43, 1976. Disponível em: <http://www.scielo.br/scielo.php?pid=S0034-75901976000600004&script=sci_arttext>. Acesso em: 3 abr. 2018.

# Remuneração, desempenho e competências

## Objetivos de aprendizagem

Ao final deste texto, você deve apresentar os seguintes aprendizados:

- Identificar as principais diferenças entre remuneração por desempenho e por competências.
- Diferenciar as práticas de gestão da remuneração no ambiente empresarial.
- Analisar o funcionamento do sistema de remuneração.

## Introdução

Remuneração é a recompensa oferecida aos colaboradores pelos serviços prestados em determinada organização. Essa área é fundamental para atrair e manter pessoas nas empresas. Na remuneração por competências, o foco está no desenvolvimento profissional dos colaboradores em relação às funções que eles desempenham na empresa. Já a remuneração por desempenho tem como objetivo o resultado, possuindo relação direta com o atingimento de metas preestabelecidas.

Neste capítulo, você vai estudar os sistemas de remuneração por desempenho e por competências.

## Remuneração por desempenho e por competências

O ambiente empresarial tem sofrido modificações significativas nas últimas décadas. Especialmente a partir de 1990, precisou adaptar-se a um mercado cada vez mais competitivo e que exige posturas agressivas e inovadoras por parte dos gestores de pessoas e dos colaboradores, de modo geral. Dessa forma, manter somente os tradicionais planos de remuneração funcional, que se baseiam na fixação do salário, já não é suficiente para atrair e reter os talentos da organização. É preciso buscar alternativas para propor uma remuneração variável, que possibilite ao colaborador novos ganhos que não sejam relacionados única e exclusivamente com as suas tarefas e as exigências para a ocupação de seu cargo.

Pensando de forma estratégica, ou seja, focadas nos resultados que pretendem atingir, as organizações precisam investir em formatos que tornem seus colaboradores mais satisfeitos e motivados com o que fazem. A ideia é que eles se sintam recompensados pelo seu desempenho superior ou por apresentarem um nível de competência diferenciado naquilo que realizam em seus cargos. Na atualidade, você deve notar que a maneira como as empresas gerenciam seu pessoal é que se traduz no principal diferencial competitivo de mercado.

A remuneração variável pode ser utilizada nas mais diversas empresas, não somente em grandes organizações. Afinal, "Sua utilização está mais vinculada à ideologia de um fundador que acredita que o compartilhamento do sucesso entre os empregados aumenta a produtividade e os lucros" (ÁLVARES, 1999, p. 71). Logo, colocar em prática um sistema de remuneração variável significa estabelecer com o colaborador uma relação do tipo "ganha-ganha", em que ambos, empregador e funcionário, poderão beneficiar-se.

Existem algumas maneiras (que têm sido aplicadas atualmente nas organizações) de tornar a remuneração dos colaboradores mais estratégica: a remuneração por desempenho e a remuneração por competências. Antes de você estudar a remuneração por competências, deve entender que uma competência é o resultado que o indivíduo é capaz de realizar pelo somatório de seus conhecimentos, habilidades, atitudes. Logo, por exemplo, se um colaborador possui bem desenvolvida a competência de relacionamento interpessoal, poderá manifestar atitudes com essa característica cotidianamente, demonstrando tais habilidades e o conhecimento da importância das relações para o desempenho de suas atividades.

A **remuneração por competências** é aplicada com a mesma metodologia tradicional da administração de salários. A diferença é a substituição dos fatores de avaliação relativos aos cargos pelas competências que serão observadas nos colaboradores para que se possa calcular o valor de sua remuneração.

 **Fique atento**

A metodologia tradicional de administração de cargos e salários é um sistema de remuneração fixa traduzida no plano de cargos e salários e amplamente utilizada na atualidade pelas organizações.

A remuneração por competências deve seguir os seguintes passos (CHIA-VENATO, 2010):

1. mapear as competências;
2. definir a hierarquia das competências;
3. estabelecer as competências gerenciais de gestão de pessoas;
4. ponderar sobre as competências individuais;
5. avaliar e remunerar as pessoas.

Após realizado o mapeamento das competências essenciais que criam valor para a organização em cada cargo, da sua hierarquização por ordem de importância e do esclarecimento dado aos gestores sobre a sua função na gestão de pessoas, basta avaliar os colaboradores. A ideia é observar como as competências deles se adequam aos cargos que ocupam, estabelecendo uma relação de valor a ser pago caso possuam tais competências ou as tenham adquirido no decorrer do período. Dessa forma, "[...] o uso dessa abordagem reforça uma estratégia de contínuo aprendizado e aperfeiçoamento" (GIL, 2001, p. 191). Para o autor, os colaboradores que não possuem as competências necessárias para atuarem em seus cargos, ao perceberem que elas poderão melhorar sua remuneração, irão empenhar-se em adquiri-las o mais breve possível.

A **remuneração por desempenho**, por sua vez, possui como finalidades principais o aumento da produtividade dos colaboradores e a redução dos custos de mão de obra das organizações. Essa remuneração é oferecida aos colaboradores toda vez que atingirem metas previamente estabelecidas e as ultrapassarem, como recompensa pelo seu desempenho superior. Você já deve ter observado a utilização desse tipo de remuneração, sobretudo na área comercial. Nesse setor, os vendedores possuem um salário fixo e, a partir do momento que atingem determinado teto de vendas mensais, passam a receber uma comissão referente aos valores vendidos. A remuneração baseada no desempenho segue esta lógica: "[...] diferenciar o pagamento dos que têm um desempenho médio daqueles que se destacam" (BOHLANDER; SNELL; SHERMAN, 2005, p. 254). Para que a remuneração por desempenho possa ser estabelecida, devem ser executados alguns passos, como você pode ver na Figura 1.

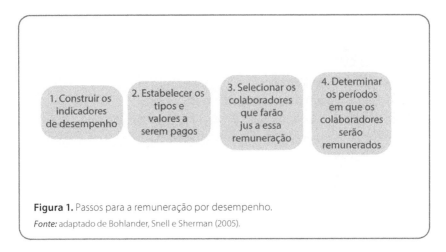

**Figura 1.** Passos para a remuneração por desempenho.
*Fonte:* adaptado de Bohlander, Snell e Sherman (2005).

Existem várias maneiras de recompensar os colaboradores que apresentam um desempenho acima da média estabelecida na organização, como: "[...] bonificações, comissões, pagamento vinculado ao cargo, incentivo de equipe/grupo e vários programas de aquisição de ações" (BOHLANDER; SNELL; SHERMAN, 2005, p. 254).

Como você pode perceber, ambas as práticas utilizadas para gerir a remuneração, por desempenho ou competências, procuram estabelecer parâmetros pessoais que podem ser medidos. Os resultados mensurados são diferentes entre os colaboradores, logo são considerados variáveis. Convém você notar que os dois tipos de remuneração também apresentam alguns aspectos negativos ao serem implantados. Chiavenato (2010) comenta que, ao quebrar a lógica rígida constituída pelos planos de cargos e salários, propondo uma lógica de pagamento diferente e variável (individual ou coletiva), a empresa quebra também a isonomia dos ganhos dentro dela. Além disso, se reduz o controle sobre os salários, o que pode provocar queixas e insatisfação dos colaboradores não beneficiados por não superarem as metas ou não apresentarem as competências avaliadas. Também podem ocorrer pressões sindicais pelos mesmos motivos.

**Fique atento**

Um dos grandes objetivos das organizações empresariais é a geração de riqueza. Essa geração, porém, depende das atividades exercidas pelos colaboradores. Dessa forma, um dos aspectos importantes que deve pautar a filosofia de uma organização é a definição de como retribuir e recompensar os colaboradores. Como você viu, isso pode ser realizado a partir do sistema de remuneração adotado.

## Práticas de gestão da remuneração

Com as mudanças que o mercado vivenciou a partir dos anos 1990, principalmente após a emergência da globalização e das tecnologias de informação e comunicação digitais, acirrou-se a competição entre as empresas em busca de consolidar suas posições no segmento em que atuam. Dessa forma, todos os setores das organizações precisaram unir-se e pensar de forma sistêmica em estratégias capazes de fazer frente à concorrência e manter sua condição, ou ainda propiciar seu crescimento. O setor de gestão de pessoas também se viu envolvido nessa necessidade de adequação de suas práticas, tornando-se mais profissional e perseguindo indicadores que demonstrem que também é capaz de agregar resultados para as empresas.

> [...] uma das chaves para se ter vantagem competitiva é a habilidade de diferenciar o que o negócio oferece para os seus consumidores daquilo que os seus competidores oferecem. Tal diferenciação pode ser obtida através de pessoas bem qualificadas. Práticas de recompensar os empregados podem dar uma importante contribuição para conseguir e manter tais pessoas e as prover de incentivos que as motivarão a atingir altos níveis de desempenho (ARMSTRONG, 1996, p. 11).

Você pode considerar que as práticas realizadas a partir da gestão da remuneração podem manter na organização as pessoas que apresentam um nível de qualificação elevado. Essas pessoas farão com que a organização se diferencie em termos do que produz e oferta aos seus clientes.

Existem inúmeras práticas de gestão da remuneração que podem ser adotadas para balancear os desembolsos fixos e variáveis realizados pelas organizações. A grande maioria dos estabelecimentos empresariais ainda utiliza um sistema de remuneração tradicional, verificado por meio da existência de seu plano de cargos e salários. Esse plano é o sistema de remuneração funcional, uma vez que procura remunerar os colaboradores de acordo com a análise, a descrição e a avaliação de seu cargo, estabelecendo uma estrutura salarial adotada por toda a organização. Essa estrutura, por sua vez, permite que todos os colaboradores sejam remunerados de acordo com os cargos que ocupam e, consequentemente, pelas atividades/tarefas que realizam. Essa prática de gestão da remuneração pode ser entendida como relacionada ao cargo.

Porém, nas últimas décadas, segundo Gil (2001), novas práticas de gestão da remuneração tem surgido. É o caso de: remuneração por competências, *broadbanding*, remuneração baseada no desempenho, remuneração baseada em equipes, participação dos colaboradores na formulação da política salarial, criação de carreiras técnicas e trocas de salários por benefícios, que propõem a utilização de critérios variáveis na sua composição. Essas práticas têm sido aplicadas nas organizações para aprimorar o sistema de remuneração funcional existente e permitir novos ganhos dos colaboradores. É possível obter, por meio delas, a melhoria do desempenho, a redução de custos e o incremento da motivação do pessoal.

Você viu anteriormente que duas dessas práticas de gestão da remuneração são a remuneração por desempenho e a remuneração por competências. A remuneração baseada no desempenho é pautada na medição e na recompensa individual ou coletiva daqueles que apresentam um desempenho acima da média. Já a remuneração por habilidades avalia as competências que cada colaborador apresenta e as relaciona com as competências exigidas para o cargo em questão.

Você vai conhecer agora as principais diferenças entre as práticas de gestão da remuneração tradicionais, baseadas no cargo, e as remunerações baseadas na competência e no desempenho. Observe o Quadro 1.

**Quadro 1.** Principais diferenças entre as práticas de gestão.

| Critérios | Práticas de gestão da remuneração | | |
|---|---|---|---|
| | **Baseada em cargos** | **Baseada em competências** | **Baseada em desempenho** |
| **Funcionamento** | Pagar de acordo com a avaliação do cargo ocupado | Pagar de acordo com a avaliação das competências individuais ou grupais | Pagar de acordo com o desempenho apresentado (acima da média estipulada para as atividades) |
| **Objetivo** | Justiça equitativa e manutenção do equilíbrio interno e externo dos salários | Justiça equitativa e dinâmica do equilíbrio interno e externo da remuneração | Justiça equitativa e dinâmica do equilíbrio interno da remuneração |
| **Eficiência** | Adequação da remuneração ao cargo ocupado | Adequação da remuneração às competências individuais e grupais | Adequação da remuneração ao desempenho individual ou grupal |
| **Eficácia** | Percepção dos ocupantes quanto à adequação de sua remuneração ao cargo ocupado | Percepção das pessoas quanto à adequação de sua remuneração em relação às suas competências | Percepção das pessoas quanto à adequação de sua remuneração em relação ao desempenho apresentado |
| **Indicador** | Cargos adequadamente remunerados | Competências adequadamente remuneradas | Desempenho adequadamente remunerado |
| **Retorno sobre o investimento** | Desempenho da força de trabalho/custos de remuneração | Contribuição individual ou grupal/custos de remuneração | Contribuição individual ou grupal/custos de remuneração |

*Fonte:* adaptado de Chiavenato (2010).

Observando o Quadro 1, você pode perceber que existem algumas diferenças marcantes entre as práticas de gestão da remuneração tradicionais, fixas e baseadas nos cargos, e as práticas de remuneração variáveis, baseadas no desempenho e nas competências. Entre as diferenças, você pode considerar o aspecto de avaliação do cargo em contraposição aos aspectos avaliativos das pessoas. Isso quer dizer que, ao analisar as pessoas de forma individual, considerando suas competências, percebidas por meio de suas atitudes no cargo, a empresa pode praticar a gestão baseada nessas atitudes. Assim, pode desenvolver aprendizagens constantes entre seus membros e seguir evoluindo e aprimorando seus processos em busca de uma postura mais dinâmica e competitiva no mercado.

Como você viu, ambas as práticas são capazes de produzir equidade entre a remuneração ofertada aos colaboradores da organização. Contudo, a remuneração baseada no desempenho, quando instituída de forma individual, ao recompensar os indivíduos pelo seu desempenho superior à média, pode impactar negativamente os demais que não ultrapassaram a meta estipulada e, dessa forma, não receberam a recompensa. Assim, os gestores de pessoas devem ter cuidado e observar se tais práticas não estão sendo encaradas muito mais como punição daqueles que não receberam benefícios do que como recompensa dos que se habilitam a receber.

Como você pode perceber, ambas as práticas de gestão da remuneração irão apresentar seus custos de implantação, uma vez que representam desembolsos consideráveis para as organizações. Porém, o alcance de suas ações proporciona efeitos diretos nos resultados das empresas, uma vez que "Ninguém trabalha de graça. Como parceiro da organização, cada funcionário está interessado em investir com trabalho, dedicação e esforço pessoal, com seus conhecimentos e habilidades, desde que receba uma retribuição adequada" (CHIAVENATO, 2010, p. 279). Em contrapartida, as organizações realizam suas práticas de gestão da remuneração aos seus colaboradores para que possam receber deles as contribuições para o alcance dos seus objetivos.

**Saiba mais**

Segundo Gil (2001), existe uma prática de remuneração que se chama *broadbanding* e que substitui as numerosas classificações de cargos por faixas amplas. Por exemplo, uma organização pode colocar todos os seus cargos técnicos numa faixa, os gerenciais em outra e os administrativos em outra. Dessa forma, os colaboradores irão galgar seus cargos de forma horizontal no interior das faixas.

## O sistema de remuneração

O estabelecimento de um sistema de remuneração é importante para que as organizações possam manter-se competitivas, atraindo, preservando e desenvolvendo seus colaboradores. Lembre-se de que são os esforços realizados pelas pessoas, ao ocuparem seus cargos e desempenharem suas atividades, que farão com que a organização atinja seus objetivos.

Segundo Chiavenato (2010, p. 284),

> O desenho do sistema de remuneração oferece dois desafios principais: de um lado, deve capacitar a organização para alcançar seus objetivos estratégicos e, de outro lado, deve ser moldado e ajustado às características únicas da organização e do ambiente externo que a envolve.

Como você pode observar, não é tarefa simples instituir um sistema de remuneração. Por isso, devido à sua complexidade, esse sistema deve ser planejado com muito cuidado, mapeando todas as implicações que poderá causar nos processos da organização.

Um sistema de remuneração deve envolver a remuneração total a ser empregada pela organização. Observe a Figura 2 para conhecer os elementos que constituem a remuneração total.

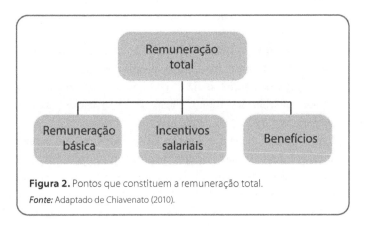

**Figura 2.** Pontos que constituem a remuneração total.
*Fonte:* Adaptado de Chiavenato (2010).

Como você pode perceber na Figura 2, a remuneração total que deverá ser considerada no sistema de remuneração compreende a remuneração básica, acrescida dos incentivos salariais e dos benefícios fornecidos pelas organizações aos seus colaboradores.

A remuneração básica envolve o valor monetário a ser pago ao colaborador pelo desenvolvimento das atividades pertinentes ao cargo que ocupa, podendo ser na forma de salário mensal ou salário por hora. Os incentivos salariais, por sua vez, compreendem os bônus, as participações nos resultados, as comissões, a opção de compras de ações, entre outras. Já os benefícios envolvem, além dos benefícios sociais garantidos por lei, os seguros de vida, planos de saúde, refeições subsidiadas, carros e residências disponibilizadas a executivos, entre outros.

Pereira Filho e Wood Junior (1995, p. 24) reforçam que "O sistema de remuneração passa a ser parte do sistema gerencial da organização e, se bem balanceado, fonte autêntica de diferenciação e vantagem competitiva". Para que um sistema de remuneração seja considerado bem balanceado, é necessário analisar os seguintes itens (CHIAVENATO, 2010):

- equilíbrio interno *versus* equilíbrio externo;
- remuneração fixa ou variável;
- desempenho ou tempo de empresa;
- remuneração do cargo ou da pessoa;
- igualitarismo ou elitismo;
- remuneração abaixo ou acima do mercado;
- prêmios monetários ou não monetários;
- remuneração aberta ou confidencial;
- centralização ou descentralização das decisões salariais.

A busca pelo **equilíbrio interno** refere-se à satisfação dos colaboradores e ao sentimento de justiça e compensação proporcionados pela remuneração recebida. Já o **equilíbrio externo** diz respeito ao posicionamento da remuneração da empresa em relação à remuneração praticada pelos seus concorrentes no mercado para os cargos iguais ou similares aos seus.

A opção por adotar uma **remuneração fixa ou variável**, ou ainda a combinação de ambas, é uma decisão importante para um sistema de remuneração. Lembre-se de que, no Brasil, a maioria das empresas hoje adota a remuneração fixa, baseada em salários mensais ou por hora. A presença de valores flexíveis de pagamento tende a ocorrer nos cargos executivos e de vendedores.

A empresa também deve decidir se a remuneração vai considerar o **desempenho dos colaboradores** de forma individual ou coletiva para o cálculo dos valores a receber, bem como se vai premiar o **tempo de empresa** de cada um dos funcionários. Outra questão envolvida no sistema de remuneração é se este será construído considerando os **aspectos inerentes ao cargo**, normalmente componentes do plano de cargos e salários, ou se levará em conta **fatores relativos às pessoas**, com base nas competências que o ocupante do cargo possui.

Ponderar **se o sistema de remuneração vai ser estendido** a todos os colaboradores por alguns critérios predeterminados ou somente para alguns grupos ou classes ocupacionais da empresa também deve pautar a implantação de um sistema de remuneração. Outro importante fator de análise é a decisão sobre o **posicionamento da organização em relação aos seus concorrentes** em termos salariais, de benefícios e incentivos. A decisão por posicionar-se acima ou abaixo das organizações do mercado irá afetar o funcionamento da organização, uma vez que poderá influenciar a satisfação e a motivação dos funcionários.

Decidir como os prêmios serão distribuídos aos funcionários, se serão pagos em valor monetário (dinheiro) ou em melhores condições de trabalho, segurança, valorização, reconhecimento e qualidade de vida também é importante. Existem ainda os prêmios não monetários, que poderão ser convertidos em dinheiro no futuro, como ocorre com a opção de compra de ações pelos colaboradores.

Outro aspecto condizente com o sistema de remuneração é se as informações relativas à remuneração dos colaboradores serão de conhecimento público (abertas) ou confidenciais. As empresas que adotam uma cultura de remuneração igualitária, que atinge a todos, costumam manter as informações abertas, o "[...] que promove confiança e comprometimento" (CHIAVENATO, 2010, p. 286).

Considerações sobre se as decisões a respeito das remunerações serão realizadas de forma centralizada pelo departamento de gestão de pessoas e sobre como será a participação dos gestores de linha nesse processo também se relacionam ao sistema de remuneração implantado.

### Link

Para ampliar seus conhecimentos sobre os efeitos da adoção de um sistema de remuneração variável no interior de uma organização, leia a tese de doutorado de Mário Teixeira Reis Neto, da UFMG, intitulada *A remuneração variável na percepção dos empregados e suas consequências na motivação e no desempenho*. Acesse a tese disponível no link ou código.

https://goo.gl/MrcZVJ

## Referências

ÁLVARES, A. C. T. Participação nos lucros definida pelo resultado. *Revista de Administração de Empresas*, v. 39, n. 4, p. 70-77, 1999.

ARMSTRONG, M. *Employee reward*. London: Chartered Institute of Personnel & Development, 1996.

BOHLANDER, G. W.; SNELL, S.; SHERMAN, A. *Administração de recursos humanos*. São Paulo: Thomson, 2005.

CHIAVENATO, I. *Gestão de pessoas:* o novo papel dos recursos humanos nas organizações. 3. ed. Rio de Janeiro: Elsevier, 2010.

GIL, A. C. *Gestão de pessoas:* enfoque nos papeis profissionais. São Paulo: Atlas, 2001.

PEREIRA FILHO, J. L.; WOOD JUNIOR, T. Remuneração estratégica: a nova vantagem competitiva. *Revista de Administração de Empresas*, v. 35, n. 4, p. 21-25, 1995.

## Leituras recomendadas

AMARAL, D. J. et al. A influência do clima organizacional na remuneração por competência. *Revista Gerências*, v. 1, p. 71-77, 2005. Disponível em: <http://www.redalyc.org/html/3312/331227106008/>. Acesso em: 5 abr. 2018.

OLIVEIRA, L. M. B. Estratégias e práticas de remuneração utilizadas pelas empresas brasileiras. *Organizações & Sociedade*, v. 8, n. 21, p. 97-108, 2001. Disponível em: <http://www.scielo.br/scielo.php?pid=S1984-92302001000200006&script=sci_arttext>. Acesso em: 5 abr. 2018.

REIS NETO, M. T. *A remuneração variável na percepção dos empregados e suas consequências na motivação e no desempenho*. 2004. Tese (Doutorado em Administração)--Faculdade de Ciências Econômicas, Universidade Federal de Minas Gerais, Belo Horizonte, 2004. Disponível em: <http://www.bibliotecadigital.ufmg.br/dspace/handle/1843/BUBD-9BFH7E>. Acesso em: 5 abr. 2018.

# Administração da remuneração

## Objetivos de aprendizagem

Ao final deste texto, você deve apresentar os seguintes aprendizados:

- Identificar os principais tipos de sistemas de remuneração.
- Analisar o funcionamento dos sistemas de remuneração.
- Diferenciar as práticas de gestão da remuneração no ambiente empresarial.

## Introdução

A administração da remuneração pode ser compreendida como um conjunto de práticas que visam ao desenvolvimento de uma remuneração compatível tanto com as atividades realizadas pelo colaborador na organização quanto com o mercado de trabalho.

Neste capítulo, você vai estudar a administração da remuneração. Você vai ver como ela pode ser utilizada como ferramenta para deixar as empresas mais competitivas e com maior excelência nos seus processos. Além disso, você vai identificar os principais tipos de sistemas de remuneração. Dessa forma, vai analisar o funcionamento desses sistemas e diferenciar as práticas de gestão em diferentes ambientes organizacionais.

## Principais tipos de sistemas de remuneração

Os aspectos relacionados à remuneração, bem como ao salário e às recompensas, começaram a ser estudados na escola da administração científica, quando Taylor passou a considerar o incentivo como um dos elementos para recompensar os indivíduos e assim aumentar a produtividade. Naquela época, fim do século XIX e início do século XX, segundo Motta e Vasconcelos (2006), isso fortaleceu a ideia de que o homem é influenciado somente por recompensas salariais, econômicas e materiais. No entanto, a escola das relações humanas contribuiu com a contestação dessa visão, pois os representantes dessa vertente consideravam o homem como um ser social, capaz de se relacionar. Já a recompensa era vista como um aspecto motivacional.

Atualmente, no discurso organizacional, existe um foco cada vez maior na valorização das pessoas. Nesse sentido, os indivíduos de uma organização são compreendidos como estratégicos para a manutenção da competitividade das empresas em um mercado em constante mudança. Recentemente, fala-se em sistemas de recompensas em que o conjunto de remuneração, benefícios e incentivos é considerado nas políticas de Recursos Humanos (RH) da organização (ARAÚJO; GARCIA, 2009).

Desse modo, a remuneração merece atenção dentro de uma organização. Afinal, ela tem papel fundamental na retenção de talentos, assim como na valorização do desempenho dos funcionários de uma empresa. Os sistemas de incentivos e remuneração são foco de estudos não somente da área de gestão de pessoas, mas também das áreas de contabilidade financeira, controladoria, entre outras.

Porém, cabe a gestão de pessoas a responsabilidade quanto ao planejamento de um sistema de recompensas a partir dos desempenhos dentro de uma organização. Esse sistema é composto pela remuneração, seja ela fixa ou variável, por uma política de benefícios e por incentivos direcionados aos cargos ou indivíduos, conforme suas funções. Fleury (2002) destaca que um sistema de recompensas se foca principalmente na constituição de uma política de remuneração variável, que associa o desempenho individual e de grupo ao retorno monetário sobre as atividades executadas, de modo também a alinhar tais desempenhos ao desenvolvimento organizacional.

A remuneração pode explicitar de que forma a empresa se preocupa com seus funcionários e como ela pode ser vista como elemento motivador para o alcance de objetivos organizacionais. Os tipos de remuneração podem ser utilizados como ferramentas de incentivo, de modo a alinhar as estratégias organizacionais com os interesses pessoais de gestores e funcionários em geral. Segundo Fleury (2002), a remuneração por desempenho tem papel importante na recompensa dos profissionais para a motivação dentro da organização.

Primeiramente, é importante você compreender do que se trata e do que se compõe a remuneração, bem como quais são os tipos de sistemas que podem ser utilizados na administração de uma empresa. Assim, você vai entender o funcionamento desses sistemas no cotidiano organizacional, tanto para executivos quanto para funcionários em geral, identificando como isso pode interferir nos resultados do negócio.

Segundo informações da Consolidação das Leis Trabalhistas (CLT), a remuneração se trata de parcelas contraprestativas devidas e pagas, pelo empregador ou por terceiros, ao funcionário em função do contrato de trabalho (BRASIL, 2010). No Quadro 1, a seguir, veja que a remuneração pode ser fixa, variável e estratégica.

**Quadro 1.** Tipos de Remuneração e suas composições.

| Tipo de remuneração | Composição |
|---|---|
| Fixa | Salários<br>Benefícios (assistenciais, recreativos, de serviços, etc.)<br>Bônus |
| Variável | Participação nos lucros e resultados<br>Percentual por atingimento de metas<br>Percentual por vendas realizadas<br>Outros |
| Estratégica | Remuneração por habilidades (*Skill Based Pay — SBP*)<br>Remuneração por competência (*Pay for professional skill*)<br>Remuneração acionária (*Stock ownership*)<br>Distribuição de ganhos (*Gain sharing*)<br>Participação nos lucros (*Profit sharing*)<br>Remuneração por resultados (*Pay-for-performance*) |

*Fonte:* Adaptado de Marras (2012).

## Funcionamento dos sistemas de remuneração

Segundo Marras (2002), o salário é a paga recebida de outrem como liquidação do serviço prestado. Ele está contido dentro do sistema conhecido como **remuneração fixa**, como você viu no Quadro 1. O elemento salário pode ser recebido pelo funcionário por prazo (semanal, mensal, etc.).

Marras (2012) ainda contribui com a definição de remuneração funcional, que segundo ele é aquela utilizada pela maioria das empresas quando ajustam suas estruturas de cargos e salários por um sistema de pontos. Em resumo, Marras (2012) apresenta a seguinte equação para a composição da remuneração fixa:

$$RF = Sf + A + B1 + B2$$

Sendo:
RF = Remuneração Fixa
Sf = Salário fixo
A = Abonos (diversos)
B1 = Benefícios
B2 = Bônus (diversos)

Você deve notar que os benefícios se referem ao conjunto de benesses outorgadas pelo empregador de forma tanto espontânea quanto compulsória, sendo que esse conjunto também pode ser conhecido como salário indireto (MARRAS, 2012). Desse modo, os benefícios são um tipo de remuneração indireta que se caracteriza por incentivos internos oferecidos aos trabalhadores. Já os incentivos são formas de recompensar os funcionários de uma organização. Eles estão relacionados ao reconhecimento, às promoções, aos prêmios, entre outras retribuições oferecidas em função do desempenho do indivíduo (ARAÚJO; GARCIA, 2009). São exemplos de benefícios oferecidos pelas empresas: assistência médica, seguros diversos, pensões, planos de educação, auxílio para curso de línguas, etc.

Já a **remuneração variável** é todo sistema remunerativo cujo valor final varia em conformidade às metas alcançadas, *vis-à-vis* àquelas que foram previamente planejadas, sejam elas de caráter quantitativo ou qualitativo (MARRAS, 2012). Esse sistema de remuneração deve estar presente em organizações ou áreas em que é necessário estipular metas, sejam elas mensais, semestrais ou anuais. Ele é uma forma de estimular que os funcionários alcancem tais metas e atinjam o mínimo para receber os valores ou prêmios estabelecidos inicialmente pelos gestores da empresa.

Em áreas comerciais ou negócios do ramo de vendas, esse sistema de remuneração variável é muito utilizado, pois se entende que, quanto mais o funcionário se esforçar e realizar vendas, maiores serão os ganhos para a empresa e para ele mesmo. Por isso, existem algumas empresas que trabalham com diferentes tipos de remuneração variável, conseguindo assim estimular de diferentes formas suas equipes e maximizando seus ganhos. É importante destacar que, segundo Pontes (2011), a remuneração variável pode ser entendida como estratégica. Ela mesma incentiva o "ganha-ganha" organizacional e, segundo Gallon et al. (2005), no Brasil a Participação nos Lucros e Resultados (PLR) é a forma de remuneração variável mais utilizada.

A **remuneração estratégica**, segundo Marras (2012), é um misto de todas as formas disponíveis atualmente, ou seja, a remuneração fixa propriamente dita, os benefícios e as demais vantagens oferecidas pela organização: a remuneração por competências e/ou habilidades, a remuneração variável, a remuneração por resultados e outras formas. O mesmo autor ainda destaca que a remuneração estratégica faz com que os funcionários sejam considerados em concordância com um conjunto de fatores que possuem e que podem influenciar diretamente os resultados oferecidos à companhia (MARRAS, 2002).

Dependendo do negócio e do nicho de mercado em que a empresa está inserida, a gestão de pessoas pode compor a remuneração de diferentes formas. Recentemente, tem-se focado em modelos estratégicos de remuneração, em que o desempenho dos funcionários é alinhado às estratégias organizacionais. Geralmente são formas variáveis de complementar o salário e esses modelos estão relacionados ao desempenho individual ou de grupos que fazem parte de uma empresa. No entanto, o que de fato tem sido recompensado são os resultados, pois, dependendo do tipo de remuneração estratégica, a empresa deixa à margem as habilidades e as competências, já que são permeadas de elementos intangíveis, que por sua vez são difíceis de mensurar.

Para compreender melhor os tipos de remuneração estratégica, veja o Quadro 2, a seguir, que mostra alguns dos principais pressupostos dessa modalidade. Você deve notar que não estão contemplados os detalhes referentes às suas aplicações ou os passos para a sua implantação em uma organização.

**Quadro 2.** Modelos de Remuneração Estratégica.

| Modelo | Pressupostos |
| --- | --- |
| Remuneração por habilidades | Modelo que recompensa basicamente avanços no setor do conhecimento dos trabalhadores, avaliando o desenvolvimento adquirido e as respectivas habilidades previamente fixadas como metas em cada etapa do sistema. Na medida em que o funcionário avança no seu nível de habilidade, também avança em termos de recompensa financeira. |
| Remuneração por competência | Aplica-se mais adequadamente a níveis de funcionários em papéis de liderança, controle, planejamento e responsabilidade por resultados. |
| Remuneração acionária | Mais comumente aplicado em níveis estratégicos da organização, pois remunera resultados conseguidos por meio da concessão de ações da empresa. |
| Distribuição de ganhos | Mais praticado em níveis inferiores e intermediários da pirâmide organizacional, principalmente em linhas de produção, como forma de incrementar a remuneração dos funcionários (por meio de gratificações) e implantar o estabelecimento de um vínculo participativo mais eficiente. |
| Participação nos lucros | Trata-se da divisão de uma parcela do lucro da empresa entre seus funcionários. Esse programa contribui para que a organização possa buscar e maximizar os resultados que espera para determinado período de tempo, tendo em vista que, ao alcançarem as metas propostas, os trabalhadores não só alavancam os resultados da organização, mas também conseguem otimizar os seus próprios rendimentos. |
| Remuneração por resultados | Objetiva vincular o desempenho à produtividade e à qualidade dos resultados organizacionais, estimulando o trabalhador na busca da otimização do seu trabalho e das metas que se propôs a alcançar conjuntamente à empresa. |

*Fonte:* Adaptado de Marras (2012).

São constantes as atualizações e cuidados que a área de gestão de pessoas deve ter com relação ao sistema de remuneração praticado pela empresa, por isso você deve acompanhar as tendências nesse campo. A Academia Pearson destaca que, como um todo, a gestão de RH vem sofrendo profundas transformações. Uma das áreas em que isso se manifesta de maneira mais clara é a gestão da remuneração. Além disso, "[...] existe uma forte tendência no sentido de trocar a abordagem tecnicista, na qual se gastava um tempo gigantesco com os meios — a análise e avaliação de cargos — por uma abordagem estratégica, na qual a ênfase maior recai nos fins — a atração e retenção de talentos" (VIZIOLI, 2010, p. 185).

Para que seja possível esse acompanhamento no que diz respeito às transformações no cotidiano da empresa, também é preciso considerar diversos fatores. Esses fatores incluem desde o ambiente econômico e político em que a empresa está inserida até o seu nicho de mercado e o perfil de seus funcionários. Para compreender melhor esses elementos que interferem na definição das práticas de remuneração em uma organização, é imprescindível que você entenda os elementos que permeiam sua administração, bem como sua área de gestão de pessoas. Além disso, você deve estar familiarizado com o modo como são realizadas as definições para a implantação ou a atualização de um sistema de remuneração.

### Fique atento

A remuneração estratégica, segundo Pontes (2011), "[...] é o uso de várias modalidades de praticar a remuneração em uma empresa, cujo objetivo é o de estimular os funcionários a trabalharem em prol dos objetivos organizacionais". A premissa da remuneração estratégica é a de que os funcionários compartilhem as conquistas do seu trabalho por meio de várias alternativas de remuneração. Algumas vezes, o gestor ou empreendedor tem dificuldade de definir qual é a melhor ou as melhores estratégias de remuneração para estimular essa parceria entre empresa e funcionários.

## Práticas de gestão no ambiente empresarial

Segundo Dutra (2010), o fato de algumas empresas não seguirem um modelo de gestão de pessoas integrado faz com que criem práticas e processos baseados em situações emergenciais e por vezes conflitantes entre si. Um exemplo disso seria o fato de uma empresa ter práticas de avaliação de desempenho não compatíveis com suas práticas de remuneração. Como você pode imaginar, isso dificulta a articulação entre as práticas, por não terem a mesma linha conceitual.

Atualmente, é comum haver práticas em gestão de pessoas alinhadas ao conceito de competências. Por isso, cada subsistema da área deve estar de acordo com a linha conceitual e com as práticas de uma gestão por competências. Nesse caso, as práticas seriam: seleção por competências, remuneração por competências, avaliação e desenvolvimento por competências, etc.

As práticas de gestão com relação ao modelo de remuneração escolhido pela gestão de pessoas deverão levar em consideração o tipo de organização, bem como sua cultura organizacional e o próprio modelo de gestão administrativa já utilizado pelos gestores da empresa. É importante que a gestão de pessoas realize estudo e planejamento das etapas básicas para a implantação de um sistema de remuneração.

Todo o acompanhamento, no que tange ao planejamento e à execução da implantação de um sistema de remuneração, assim como à sua futura manutenção, deve ser realizado pela gestão de pessoas. A ideia é que esses processos estejam de acordo com as novas realidades ou necessidades que podem ser apresentadas à empresa. Marras (2012) destaca que a gestão de pessoas também deve estar atenta às ações relativas à construção de estruturas, normas, procedimentos e políticas relativas a esse projeto.

### Saiba mais

Para Marras (2012), o Programa de Cargos e Salários (PCS) é tido como essencial para a implantação de um sistema de remuneração. De acordo com o autor, esse programa deve conter as seguintes atividades:
- análise das funções;
- descrição dos cargos;
- pesquisa de salários;
- política salarial;
- avaliação dos cargos;
- cálculo das estruturas;
- cálculo do custo do enquadramento;
- implantação do programa.

Você pode perceber que a linha conceitual de Marras (2012) segue um modelo de gestão administrativa mais tradicional. Isso pois abrange a análise das funções e a descrição dos cargos como atividades essenciais. Nesse programa, as competências não são destacadas. A partir disso, é possível concluir que as práticas a serem realizadas pelos outros subsistemas devem seguir a mesma linha conceitual, ou, até mesmo, esse programa pode ter sido baseado nas práticas já existentes na empresa.

Se a empresa está planejando implantar um sistema de remuneração até então inexistente ou quer reformular esse sistema, deve comunicar isso às suas diversas áreas. Essa comunicação pode ser iniciada pelos gestores para então haver um envolvimento de todos os funcionários, pois todos serão atingidos a partir do momento em que um sistema for colocado em prática ou reformulado. Esse cuidado é indicado, pois evita transtornos futuros e frustrações nos diferentes níveis hierárquicos de uma empresa. Em alguns casos, até mesmo entidades externas devem ser envolvidas, como os sindicatos, pois as políticas de remuneração devem levar em consideração os valores e as normas que já podem ter sido negociadas com o sindicato de determinada categoria de trabalhadores. Segundo Souza e Borba (2007), é importante que a empresa tenha um procedimento formal e transparente para desenvolver sua política de remuneração. Por esse motivo, nenhum diretor deve estar envolvido nesse processo, uma vez que abrange sua própria remuneração.

No entanto, a gestão de pessoas deve levar em consideração a decisão tomada pela diretoria da empresa a respeito de como será conduzida a política de remuneração. Por exemplo, se a empresa é uma fábrica, em que o sistema produtivo é o foco do negócio, o sistema de remuneração pode privilegiar o desempenho humano, pois é ele que pode alavancar os resultados do negócio. Assim, o mais indicado seria um sistema de remuneração variável.

Por outro lado, segundo Marras (2012), a empresa pode desejar fixar, claramente, o valor de um cargo para funções não estratégicas. Nesse caso, o desempenho individual trará um diferencial que não é tão importante para a empresa a ponto de justificar um sistema variável de remuneração. Como exemplo, você pode considerar os cargos em áreas operacionais, em que as atividades englobam ações de caráter mais automático. Além disso, a empresa deve sempre levar em consideração os parâmetros de mercado. Ou seja, ela precisa estar atenta aos valores e sistemas praticados por seus concorrentes, de forma a ser competitiva no momento de atrair talentos ou retê-los em seu quadro de funcionários.

Já a remuneração estratégica é mais indicada para empresas com gestão inovadora, que entendem o valor do real investimento sobre as potenciali-dades de seus funcionários. Nesse caso, as pessoas são vistas como agentes de transformação e suas ações são fatores de diferenciação para o negócio. Caso a empresa não possua essa visão e a cultura adequada para esse tipo de sistema de remuneração, é provável que não obtenha sucesso. Marras (2012) afirma que, no Brasil, os modelos estratégicos de remuneração adaptam-se somente em poucas organizações e, mesmo assim, estão presentes de maneira muito restrita.

### Saiba mais

Um dos focos de publicações e pesquisas atuais no Brasil é a remuneração de executivos. Por isso, é importante que você conheça a contribuição de Krauter (2013). Ele aborda a remuneração dos executivos no Brasil como um sistema que alinha o comportamento das pessoas com os objetivos estratégicos do negócio. No Brasil, a Instrução CVM nº 480/2009 regulamenta a evidenciação da remuneração dos executivos. Nessa instrução normativa, a seção 13 do anexo 24 (conteúdo do formulário de referência) estabelece as informações referentes à remuneração dos executivos que devem ser evidenciadas, objetivando a transparência nas divulgações relativas aos participantes do mercado de capitais (BRASIL, 2009). O conceito de remuneração é explicitado na Figura 1, a seguir.

**Figura 1.** Conceito de remuneração de executivos.
*Fonte:* Krauter (2013, p. 261).

Para Fleury (2002), as decisões relacionadas à estruturação e ao funcionamento ordenado do sistema de recompensas, além de seu gerenciamento no cotidiano das organizações, se apresentam, sem dúvida, como um dos aspectos mais importantes e críticos da gestão de pessoas. Como você viu, a remuneração é entendida como um elemento capaz de potencializar a motivação, o desempenho e a produtividade dos funcionários. Além disso, as organizações devem operacionalizar suas políticas de recompensa por meio dos modelos de remuneração, de forma a alinhar os interesses organizacionais aos interesses profissionais dos indivíduos que trabalham nelas. Por isso, o sistema de remuneração deve considerar os componentes mais adequados e alinhados à cultura e ao modelo de gestão da organização como forma de estímulo e valorização efetiva dos trabalhadores.

Segundo Wood Junior e Picarelli (1999, p. 41):

> A maioria das empresas ainda aplica exclusivamente sistemas tradicionais de remuneração, baseados nas descrições de atividades e responsabilidades de cada função. [...] A utilização de instrumentos como descrições de cargos, organogramas e planos de cargos e salários permite a muitas empresas atingir um patamar mínimo de estruturação na gestão de seus recursos humanos. Entretanto, quando aplicados nesta condição de exclusão de outras formas, esses sistemas podem tornar-se anacrônicos em relação às novas formas de organização do trabalho e ao próprio direcionamento estratégico da empresa.

### Referências

ARAÚJO, L. C. G. de; GARCIA, A. A. *Gestão de pessoas:* estratégias e integração organizacional. 2. ed. São Paulo: Atlas, 2009.

BRASIL. Comissão de Valores Imobiliários. *CVM nº 480, de 7 dezembro de 2009*. Dispõe sobre o registro de emissores de valores mobiliários admitidos à negociação em mercados regulamentados de valores mobiliários. 2009. Disponível em: <http://www.cvm.gov.br/legislacao/instrucoes/inst480.html>. Acesso em: 3 maio 2018.

BRASIL. *Decreto lei nº 5. 452, de 1º de maio de 1943*. Aprova a Consolidação das Leis do Trabalho. 1943. Disponível em: <http://www.planalto.gov.br/ccivil_03/decreto-lei/Del5452.htm>. Acesso em: 3 maio 2018.

DUTRA, J. S. *Competências:* conceitos e instrumentos para a gestão de pessoas na empresa moderna. São Paulo: Atlas, 2010.

FLEURY, M. T. L. (Coord.). *As pessoas na organização*. São Paulo: Gente, 2002.

GALLON, A. V. et al. *Análise de conteúdo dos sistemas de remuneração variável de empregados nos relatórios da administração de companhias abertas*. 2005. Disponível em: <http://www.congressousp.fipecafi.org/anais/artigos52005/177.pdf>. Acesso em: 3 maio 2018.

KRAUTER, E. Remuneração de executivos e desempenho financeiro: um estudo com empresas brasileiras. *Revista de Educação e Pesquisa em Contabilidade*, v. 7, n. 3, p. 259- 273, 2013.

MARRAS, J. P. *Administração da remuneração*. São Paulo: Thompson, 2002.

MARRAS, J. P. *Remuneração estratégica*. 2. ed. Rio de Janeiro: Elsevier, 2012.

MOTTA, F. C. P.; VASCONCELOS, I. F. G. de. *Teoria geral da administração*. São Paulo: Thomson Learning, 2006.

PONTES, B. R. *Administração de cargos e salários:* carreira e remuneração. 15. ed. São Paulo: LTr, 2011.

SOUZA, F. C.; BORBA, J. A. Governança corporativa e remuneração de executivos: uma revisão de artigos publicados no exterior. *Contabilidade Vista & Revista*, v. 18, n. 2, p. 35-48, 2007.

WOOD JUNIOR, T.; PICARELLI, V. F. *Remuneração estratégica:* a nova vantagem competitiva. São Paulo: Atlas, 1999.

VIZIOLI, M. (Org.). *Administração de recursos humanos*. São Paulo: Pearson Educacional, 2010.

## Leituras recomendadas

BEUREN, I. M.; MAZZIONI, S.; SILVA, M. Z. da. Remuneração dos executivos versus desempenho das empresas. *Faces Journal*, v. 13, n. 2, p. 8-25, 2014.

MACHADO, D. G.; BEUREN, I. M. Política de remuneração de executivos: um estudo em empresas industriais brasileiras, estadunidenses e inglesas. *Gestão & Regionalidade*, v. 31, n. 92, p. 1-16, 2013.

SOUZA, P. V. S.; CARDOSO, R. L.; VIEIRA, S. S. C. Determinantes da remuneração dos executivos e sua relação com o desempenho financeiro das companhias. *Revista Eletrônica de Administração*, v. 23, n. especial, p. 4-28, 2017.